# ヘミシンクで起きた
# 驚愕《きょうがく》の「前世体験」

鈴木啓介

ビジネス社

# プローグ

二〇〇六年の夏、私は人生始まって以来最大の衝撃を味わった。

「なんらかの啓示を受けられれば……」その程度の気持ちで始めた内面世界への旅は、日を追うにつれ信じられない出来事が連続する怒濤《どとう》の波となり、最終的に私という全存在は完璧に変わってしまった。


私は製薬会社の社員で、営業職ではあるのだが「MR」（メディカル・リプレゼンタティブ）といって医療関係者に専門的な薬の情報を提供するという、化学的知識が必要な職に就いている。

もちろんドクターほどの知識はないのだが、薬学や病態も含めての資格の修得も必要であり、常に最新の学説や治療薬の情報を知っていなければ仕事にならない。

また、間接的とはいえ患者さんの治療に携わる仕事であるので、自社製品の有効性や安全性も熟知している必要がある。具体的には副作用の種類や発生頻度、有効性を証明している治験の信憑性《しんぴょうせい》、他の薬剤との併用による影響、薬の代謝経路等、いろいろな角度からの化学的エビデンス（証拠）を論理的に説明し、ドクターや薬剤師さんからの質問に正確なデータを基に答えなければならない。

そのための研修やテストを毎月受けており、いいかげんな推測で事象をこじつけるということはない。

これから私が体験したことについて書いていくことになるが、論理的なものの見方を訓練されたがゆえに私自身の中で「具体的な事実」と、そんなばかな!! という「疑念」が激しくぶつかり合い、一時的に自分は狂ってしまったのではないかと悩んだこともある。

しかし打ち消しても打ち消しても一連の驚愕《きょうがく》すべき「事実」は頑として存在し、私の頭から外すことはできなかった。

客観的に考えると、むしろ否定するほうが非論理的になってしまうのだ。

私はあくまでも普通に生活をしている中年のサラリーマンであり、とりたてて霊感が鋭い訳でもないし、ましてや超能力がある訳でもなかった。

他の会社員と同様に仕事をこなし、同僚や上司との人間関係を気に掛けながら自分の評価が下がらないように努力するという、ごくごく当たり前の生活をしていた。

同様に家族も成長した三人の子供と妻と一匹の犬という、なんの変哲もない構成であり、毎年夏には家族旅行を楽しみ、最近は子供が付いてきてくれないのが唯一の悩みという、

# プロローグ

どこにでもいる平凡な一家であった。

ただ二〇〇六年、この夏だけは少しいつもと違っていた。

いろいろな条件が重なり、私はある方向へと導かれていったのだ。

以前の私は「導き」などまったく感じることはなく、この世にそんな神聖な出来事があるなどとは信じてもいなかったし、宗教家が「導き」を口に出す場合も、「一種の気休め」程度にしか捉えてはいなかった。

ただ、仕事上のストレスから、精神世界の本を買うことは時々あり、「ヘミシンク」というテクノロジーを使った「瞑想《めいそう》」のことは知っていた。

しかし、「瞑想」などはあくまでも宗教を生活の中心に置いている精神性の高い人が静かな環境で行うものであり、私のような普通の人間には雑念が多くてとても長時間継続できない行為であると思い込んでいた。

坂本政道さんの『死後体験』などを読んで胸がワクワクすることはあったが、実際にヘミシンク・ワークを受けるという気はほとんどなかった。

私自身、おそらく多くの方々が思うであろう、「ホントかいな?」「怪しげだ」「面倒だ」という感情が先にたってしまっていたのだ。

しかし、このあとのシンクロニシティの連続が、自然に、まるでレールの上を列車が走るかのように私の体験を進行させていくのである。

かえすがえすも、時期が来れば機会はあちらのほうからやってくるということを今回ほど痛感したことはない。なにも自分から、あせって動いたり、もがいたりする必要はないのだ。

今、この本を読んでいるあなたにもシンクロニシティは必ずやってくる。

ただし、「自分から無理やり逃げ出さない限り」においてだが。

# ヘミシンクで起きた驚愕の「前世体験」 目次

## 第3章　ハイアーセルフの姿（ワーク最終日）



## 第4章　爆発的覚醒

## 第5章 異次元での体験



## 第6章 新しい回路

## 第7章　家族の覚醒



## 第8章　インナーチャイルド

装丁／熊澤正人（パワーハウス）
装画／三嶋典東
本文ＤＴＰ／三宅秀典（シナプス）

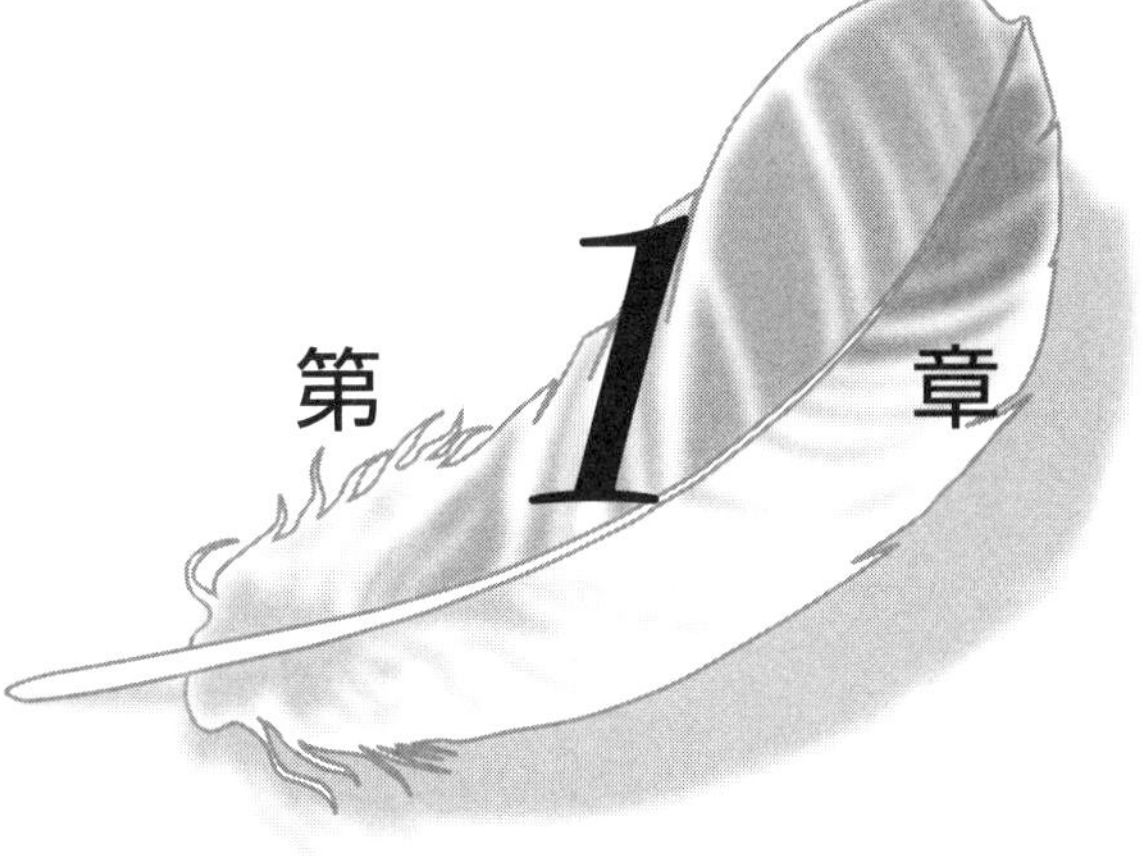

# 第1章

# 内面世界への助走

## ネットマガジンに申し込む

厳密に言えばシンクロニシティ[*1]は私がもの心ついた時から始まっていた。これは後述するとして、急激な変化、つまりシンクロニシティが連続しだしたのは二〇〇六年の六月からだ。

この本を書きだしたのが八月だから、なんとわずか二ヵ月前からである。

しかも「始まった」という自覚もないままに事態は急激に進展していった。

間違いなく「高次元の意思」は存在すると認めざるを得ない偶然が重なっていくのだ。

六月の初旬、私はいつものようにPCに向かってインターネットを楽しんでいた。

普段から「お気に入り」に入れてある、精神世界関係のHPをネットサーフィンしていたところ、ヘミシンク・ワークを案内しているサイトが眼に止まった。日本でもヘミシンク・ワークをしているらしく、「ネットマガジン」も発行している。

「まあ、無料だし、ヘミシンクにも興味があるし」くらいの軽い気持ちでマガジンの購読を申し込んだ。

## ヘミシンクで体験する意識世界

| | |
|---|---|
| フォーカス27 | 次の生に転生する準備をする期間に休息する場 |
| フォーカス24～26 | 信念系領域 |
| フォーカス23 | 人間的とらわれの世界。地獄 |
| フォーカス21 | 物質的世界（この世）と<br>非物質的世界（あの世）の境界 |
| フォーカス18 | 癒しの世界 |
| フォーカス15 | 時間と空間の制限のない世界。<br>ガイドと交信したり過去生を見やすい |
| フォーカス12 | 意識の拡張した状態。<br>五感を超えた世界 |
| フォーカス10 | 肉体は眠り、意識は覚醒した状態 |

※C1（コンシャスネス　レベル1）　通常の肉体と精神の完全な覚醒状態

※ フォーカスレベルは49までである。

（藤崎ちえこ著『魂の帰郷』より転載）

このことが私の人生を思いもかけない驚愕の世界に導くことになるとはその時点では想像もできなかった。

ヘミシンクについては多くの本が出ているし、ネットで簡単に情報が入手できるので、ここでは詳しく説明しないが、簡単に言うとヘッドフォンを通じて出てくる左右の音の周波数に意図的に「ズレ」をつくり、脳がその「ズレ」を修正しようとする時に発生する脳波を瞑想状態と同じ状態に誘導していくという、いかにもアメリカ合理主義的な発想の技術である。

早い話が、何年も瞑想の修行をした人がようやくたどりつく世界を簡単に体験できてしまうのだ。

しかもこのヘミシンクは理論どおりの結果を生み出している。

本当にもの凄《すご》い技術である。

## チャネラーとの食事会

申し込んですぐに、私は申し込んだこと自体を忘れ、日々の生活に戻っていった。数日が経過したある日、私と妻は妻方の姪姉妹と食事に出かけた。

姉の仙果（仕事上の名前）のほうは、先日までは「占い師」であったが、突然「チャクラが開いた」とのことで、現在は「チャネラー」をしているという変わり者である。

食事もそろそろ終わりかけてきた頃、徐々に私はなんとなく胸のあたりに違和感を覚えるようになってきた。たいしたことはないのだが、なんだか胸の中心に圧迫感を感じ始め、そのことを話すと、仙果が「チャクラが回転し始めたんじゃないの？」と言った。

たしかに彼女のチャクラが開いたことが話題になっていたし、そういう人が近くにいると共鳴みたいなことが起きる程度の知識は持っていたので、たいして気にすることもなくその日の食事会はお開きになり、私達家族全員のチャネリングをしてメールで送ってもらう約束をし、その夜は家に帰った。

## チャネリング・メッセージが届く

その後数週間はメールマガジンのこともチャネリングのことも忘れ、代わり映えしない日々の生活が続いた。

そんなある日の夕食後、メールのチェックをしていると、約束のチャネリングの結果が送られてきた。希望の持てる内容が書いてあるのだが、抽象的でなんだか絵空事のような内容とも受け取れる。正直、「ノストラダムスの大予言」のようにどうとでも解釈できる話で、肯定も否定もできない感じだ。

長くなるが、以下に私へのチャネリング内容を全文そのまま掲載する。

鈴木啓介　様

先日は、ごちそう様でした。食事もサービスも最高で大満足でした。

さて、お約束していたカードリーディング（チャネリング）の結果を送信します。

占いとは違い、高次元の存在からのメッセージなので、その人に今一番必要なメッセージのみが伝えられる仕組みになっているようです。本人の意思で決めるべき部分は曖昧《あいまい》にしか答えてくれませんし、今の段階で知る必要のない事柄についても教えてくれません。

また、あちらの世界では時間の観念がないため、出来事がいつ起こるのかといったことも曖昧です。
☆では、以下リーディングの内容を記します。

※全般的なメッセージ
●今、とても重要な転機です。成功や幸福が約束された転機なので、嫌がらずに前に進むことをおすすめします。今やろうとしていることは正しい道です。
●一人ですべてを抱え込まず、周りの人の助けを受け入れてください。助けを受け入れることは罪でも恥でもありません。
●自分の中の男性的な部分と女性的な部分とのバランスをとるようにしてください。
●ソフトで優しい女性的な部分をもっと表に出すようにおすすめします。
●他人と交渉するときには、相手のニーズを考えて調和的に進めてください。
また、罪悪感や羞恥心《しゅうちしん》を手放してください。
●人と分かち合ってください。人から受け取り、感謝してください。

●何か今までとは違う新しいことを始めてください。家族や友人に新しい冒険に連れて行ってもらうのも良いでしょう。
●身の周りの整理整頓をしてください。いらないものを手放してください。自分が本当にやりたいことを優先してください。
●スケジュールの管理をしてください。
●自己評価を低く見積もらないでください。自分の夢を格下げして満足しないでください。
●希望を持ち続けてください。願いは必ず実現します。ネガティブな思いは実現を遅らせてしまいます。諦《あきら》めないでください。
●あなたが始めたプロジェクトは必ず成功します。
●その道の専門家に相談してみてください。さらなる情報とアイディアが必要です。
●友人と会う時間を作ってください。楽しい時間を過ごすことで、クリエイティブなアイディアが得られます。
●エゴを手放し、慈《いつく》しみの心をもって、他人の立場から物事を見てください。そうすれば状況はより良くなります。
●人生の変化を手助けするスピリット（高次元の存在）が見守っています。変化がよりスムーズに調和的に進むようにサポートしています。

●自分に厳しくしすぎるのはやめてください。自分に対してネガティブな評価をしないようにしてください。自分自身を愛情をもって受け入れてください。

●子供の頃のように奇跡や魔法の力を信じてください。スピリットたちは本当にあなたをサポートし、心配から解き放たれるように見守っています。

●自分の中にある奇跡のパワーを信じてください。

※これからのこと

●物事には「聖なるタイミング」があります。チャンスの扉は開いたり閉じたりしています。扉が開くには、パズルのピースのようにあるべきところにすべての要素が収まらなければなりません。

●今、あなたの周りで奇跡が起ころうとしています。期待してください。

●あなたは、この地球をより良くする使命をもっています。

●信頼と希望を持ち続けてください。なぜなら、ポジティブな新しいことが間もなく見えてくるからです。

●クリエイティブな活動をしてください。自由に表現できるように学んでください。

●もっと自由になりましょう。
●何も心配することはありません。成功と繁栄が約束されています。
●変化を恐れないでください。本当にベストな変化ですから。

全文を改めて読んでみると、今の自分ならすべての意味がハッキリと理解できる。

後になってわかることなのだが、このチャネリングではかなり具体的にアドバイスをくれていたのだ。

ただ、当時の私には雲をつかむような話で、仕事のことや目先のことなど、勘違いで世俗的な方向でしか解釈ができなかった。

私には「なにか新しいことをしなければいけない」という焦りはあったが、なにをすればいいのかさっぱり具体化できないでいた。しかし焦燥感と共に「今が過渡期。もうすぐ変わる」という妙な予感は何故かあった。

そして、ここのところ自分でも不思議なほど幼い子供が気になってしようがなかった。

幼い子供を見かけるたびにその愛くるしさに心が安らいでいた。

だから児童虐待には心底心を痛め、チャネリングに従い、児童虐待対策のボランティアをしようとインターネットでボランティア募集を探す日々だった。

しかし実はこのことが自分の前世に大きく関係しているとは、当時はもちろん夢にも思わなかった。

## ヘミシンク・ワークとの出会い

またまた私はチャネリングの深い意味を理解できないまま、日々の仕事に追われる毎日を過ごした。

そして次のシンクロニシティは一週間ぐらいでやって来た。

例のメールマガジンが届いたのだ。

そこにはヘミシンク・ワークの開催案内が書いてあるのだが、その中身を読んで私は驚いた。ワークが開催される施設は、なんと自宅から車で二〇分以内で行ける場所である。

●何か今までとは違う新しいことを始めてください。
●変化がよりスムーズに調和的に進むようにサポートしています。

拡大解釈かもしれないが、チャネリングではこのことを言っているのだろうか？

興味があるが仕事のスケジュール（「●スケジュールの管理をしてください」も？）を合わせたり、お金のことで妻を説得するなど、どうしようかな？　なんだか面倒だなと思った。しかし心は揺れ動いた……。私はこの扉を開けるためにこの世に生を受けたことにまだ気がつかなかったのだ。

下の娘が高校三年生のため、受験前ということで、今年は夏の家族旅行を断念しており、妻は私に一人旅を勧めてくれていた。しかし、一人で旅行してもそう楽しくはないはずだし、以前からもうあちこち旅行することにも飽きがきており、今度は内面世界の旅行がしたいという気持ちもあった。

そして私は決心した。「まー、行ってみようかな!!」

「軽いノリ」で恐縮だが、子供に手がかからなくなった代わりに得た空虚感や仕事上の行き詰まり感もあった。会社の同僚のようにパチンコとか、ゴルフとか、夜の歓楽街という遊びに自分はサッパリ興味がなく、趣味といえばどこともリンクしていないため、ほとんどカウンターの上がらない自分のＨＰに載せる音楽をＰＣで作曲することと、「洗車」という、まことにわびしい状況だった。

今まさに新しいことにチャレンジしなければいけないという焦燥感もピークに来てい

た。そしてなによりも仙果のチャネリングによる導きはこのことだったのかと、初めてこの時具体的なサジェッションを感じたのだった。

スピリチュアルなワークを受けるのは今回が初めてだが、「後ろから押されるように」私は申し込みを決意した。

ワークを申し込んだ後にいろいろ調べてみると、やはり勉強と同じで事前にヘミシンクを聴いておいたほうがいいことを知り、推奨されているCDを早速注文した。

## メロディーの閃《ひらめ》き

ちょうどこの時期、新しい曲の制作にも着手し始めていた。

作曲とはいうものの、DTM（デスク トップ ミュージック）といって、専用の機器とソフトでどんな楽器でも自由にPC上で演奏し、重複させて曲を作っていくものである。

しかし、最初のイメージどおりに曲が進行していくということはほとんどなく、今にして思えば、作曲中に失敗したほうがよりよいイメージだったり、操作の間違いが思わぬ効果を生み出したりと、なにか別の意志が働いているような感覚は常にあった。

メロディーにしても朝起きがけに聞いたことのないメロディーが頭の中で流れているこ とが最も多く、日常の何気ないひと時に突然メロディーが閃くことも多々あった。

これは小学生の頃から頻繁にある。

誰でもそういうことはしょっちゅうあるのだろうと思っていたが、ようやく最近、普通は朝起きがけに頭の中で聞いたことのないメロディーが流れるということはあまりないらしいことを知った。

しかし私だけが特殊な訳ではなく、作曲をする方なら誰でもこういうふうにメロディーが閃くのだろうし、実際そういうふうに曲を思いつくというのはよく聞く話だ。

ポール・マッカートニーの「Yesterday」も朝起きたときに突然閃いて、あわてて楽譜をメモしたという話を本で読んだことがある。

私は好んで清浄で広がりのある世界観や精神の昇華をイメージする曲を作るのだが、たとえハードな曲でも精神性を主軸に置かないと自分を表現した気がしない。

また高校生の頃から作曲を始めているが、何故か「音楽は異世界に通じる窓である」という持論を持っており、その持論は今でも変わっていない。

## 驚愕体験が始まる

数日後ＣＤが届いた。仕事や雑事に追われていた私はさして気にも留めずに、部屋の片隅に段ボール箱を置いたまま数日間ほったらかしにしていた。

そして初めての休日、「運命の日」がやってきた。

わたしはヘミシンクを聴いたのだ。

この日から私の驚愕の体験が始まった。

私の乗ったゴーカートはローギアからセコンドへ、そしてサードからトップ、オーバートップへとＦ１なみのスピードで猛加速を始めだしたのだ。

## 初めてのヘミシンク体験

最初にヘミシンクを聴いた夜のことは今でもハッキリと覚えている。この一回目の体験以降、私はヘミシンク・ワークに参加できるその日を待ち望むようになった。

何もすることがなくなった休日の夜、娘の部屋から最近使っていないラジカセを自分の寝室に持ち込んだ私は、パジャマに着替えて部屋の明かりを消した。

ヘミシンクをＭＩＸさせた、メタ・ミュージックと呼ばれる「Ascension」をラジカセに入れ、すぐにヘッドフォンを付けてベッドに横になり、雑念を払って音に聴き入った。

シンセサイザーの音が心地いい、なんだか私の好きなジャンルのプログレっぽい音楽である。こういう曲を聴き慣れている私は簡単に音楽のみに集中することができた。

変化はわずか一分でやってきた。

体中の力を抜き、バンザイをするように上に伸ばしていた私の左手の小指が痙攣《けいれん》を始めたのだ。今までも眠りにつく時や精神的に疲れた時にからだのどこかが軽く痙攣することはままあることなのでさして気にも留めなかったが、ずいぶん速いし長く続く。

後にわかったことだが、通常左半身のほうが右半身よりも受信の感受性が高いそうで、この時からすでに「受信」が始まっていたようだ。

そのまま音楽に聴き入ってみると、そこそこ好みの音である。曲自体に興奮するような展開はもちろんないが心地よく身をゆだねることができる。

一五分ぐらいが経過した。なにせ初めての経験なので、この時点で私はフォーカス10の感覚というものがよくわかっていない。しかし、ずいぶんとリラックスできている実感はある。

生まれて初めて意識は覚醒《かくせい》したままイビキをかきそうになる自分に気がついた。咽頭の上の部分が弛緩《しかん》して垂れ下がり、喉を塞《ふさ》ごうとするのだ。苦しいので唾を飲み込んだ。

約三〇分が経過した頃に第二の変化がやってきた。

なんと胸のあたりで「ポコッ、ポコッ」と泡が弾《はじ》け始めたのだ!!

今までの自分には絶対に発想のできない感触である。その泡の弾ける感触はちょうど泥が弾けるような感じで水ほどはさらっとしていない。

排水溝を掃除するときに泥だまりから泡が浮き出てくるような感じだ。

小さい泡やテニスボール大の泡を感じる。これは二~三分続いた。

この時点で意識は覚醒しているが、からだは熟睡している自分を実感していた。

熟睡している自分を認識できるというのはずいぶんと気持ちいいものである。

心地よい眠りから覚まされたくないように、いつまでもこうしていたい気分だ。

約四〇分が経過。そのうち妙なことに気がついた。実際には動いていないのになんだか上半身がかすかにゆらゆらする。そのままにしておくと徐々にゆらぎが大きくなってきた。

自分のからだが液体になったような感覚だが下半身のほうはそうは揺れていない。「体外離脱？」そう思うと少し恐くなった。上半身はますます揺れ、たくさんの人が泳いでいるプールの水ぐらいの揺れ方になってきた。

「初めてのヘミシンクで体外離脱？」期待感よりもとまどいが大きかった。

少し興奮すると揺れが収まったのでほっとした。

音楽が徐々にフェードアウトしていき、初めてのヘミシンク体験が終わった。

しばらくボーッとしたのちにからだを起こした。

熟睡したあとのようにからだはスッキリして気持ちいい。

しかし表現しがたいのだが、脳がやけに「こわばった」感じがする。

のちに判明するのだがこの感覚はどうも私特有の感覚らしい。

大方の人はからだも脳も充分リラックスした状態になり、途中で眠り込んでしまうことも多々あるらしい。

しかし私は「脳自体が腹筋運動」でもしたみたいにこわばっているのを感じる。

このあともこの「こわばり」はヘミシンクを聴くと毎回発生してしまう。目も冴えに冴えて、脳に関しては目覚めのスッキリ感が二倍になったような感じである。ただし思わぬ副作用があった。眼が冴えすぎて眠れなくなってしまったのだ。

藤崎ちえこさんの『魂の帰郷』（ビジネス社刊）に書かれてあったことを思い出して、この日から私は枕元にノートを置くようにした。一回目のヘミシンク中にビジュアルを見ることはなかったのだが、睡眠中の夢や起きがけに見たイメージを忘れないうちにメモするためだ。この方法は非常に役に立つもので、誰でも経験のあることだと思うが、起きがけに覚えていたイメージは急速に忘れてしまうものだ。すぐにメモすることにより、あとでパズルのように各記憶を結びつけ、全体像が見えてくるということもあるらしい。

この時点ではゆっくりとノートは埋まっていくのだが、ワークが始まりだすと猛烈に書き込むことが多くなっていくことになる。

再度、読者の皆さんにお断りしておくが、私は「出来事」を説明するには論理的立場から考察しなければならないことを熟知している。また、エビデンスがらみの研修を会社で何回も受けている。だからヘミシンク中に体験する刺激、つまり、視覚、聴覚に対し、幻覚、幻聴の類《たぐい》が発現したのかもしれないという疑いは常に持ち続けてきた。

つまり飛行機の灯りを見つけて「UFOだ!!」と騒ぐ無邪気さを私は持ち合わせていないつもりだ。

しかし、ワーク中の他メンバーの奇跡、そして自分自身が体験する肉体への触感や温熱感、脳内に浮かぶさまざまなビジョン、学んだことのない哲学的発想、連続するシンクロニシティなどへミシンク中の視覚体験や聴覚体験を強引に幻覚、幻聴と否定してみても、自分の知る「常識」では説明不可能な不思議な出来事が後に連発していくことになるのだった。

## 胸のあたりにアンメルツ効果

翌日から毎日へミシンクを聴いた。

自分の中では何故か「なにかが起こってほしい」という期待感はあまりなく、ワークに合わせて脳波の状態を最適に持っていこうという予習的な意味合いでひたすら聴いていた。

二回目のへミシンクはフォーカス10には行けたのだが、特にこれといったことは起こらず、三回目のへミシンクでまた変化があった。

フォーカス10に着いてしばらくすると、また例のゆっくりと揺れる感じがしてきた。今度のこの「揺れ」は揺れというより「揺らぎ」という感じの微細なもので、このあともこういった揺れはしょっちゅう感じることになる。

しかし一回目ほどの大きな揺れはそのあとそれほどなく、別に体外離脱が自分の目的ではないので特に気にとめることはなかったのだが、またまた胸のあたりに思いもかけない変化が現れてきた。

なんだか胸のあたりがスースーしてきたのだ。適切な表現が難しいのだが、ちょうどアンメルツを塗ったかのようなスッキリ感が出てきた。最初はパジャマのボタンが開いており、クーラーが当たっているのかと思ったが、触ってみるとそんなことはなかった。

そのうちスースー感は強く、しかも大きくなってきて、ついには「ヒリヒリ」とした過敏な感覚にまでなってきた。

一〇分ほどその感覚は続き、やがて消えていったのだが、翌日からこのスースー感は日常生活中でも時折顔を見せるようになっていく。

スピリチュアル系の本を調べてもインターネットで検索してみてもアンメルツ効果のこ

とには触れておらず、仙果にメールで相談してみると「ハートのチャクラが回転し始めた」との答えを返してくれた。

ハートのチャクラを調べてみると文字どおり「愛のチャクラ」とあるのだが、今までの自分には愛が足りなかったのか、そういえば妻から「あなたには愛が足りない」とよく小言を言われるなー、と呑気《のんき》に思ってみたりもした。

## 見え出したビジョン

そのあと、ワークを受けるまでの特に新しい変化といえば、額《ひたい》の真ん中あたりがムズムズしだしたことぐらいで、これは額のチャクラに関係しているのだろうと感じていた。軽い揺れとアンメルツ効果は毎回続き、「脳のこわばり」と、眼が冴えに冴えて眠りづらい状況も同様に続いた。

しかし、朝の起きがけや、夜、ベッドで心が落ち着きはじめた時によくビジョンを見るようになってきており、もちろんこの時点で意味合いがわかるものはあまりなくて、中にはアホらしいものもあった。

なにせヘミシンクに関しては初心者なので、この状態をどう評価すればいいのかはわからなかったが、肉体で感じるフォーカス10の感覚やアンメルツ効果、普段とはかなり違ったビジュアル体験から、たしかにヘミシンクには未知の体験をさせてくれる力があり、近々に迫ったヘミシンク・ワークへの期待感も高まっていった。

そしてそのワークの初日がやってきた。

＊1　シンクロニシティ……共時性とも言われ、因果関係が見出せない二つ以上の事象が意味的関連を持って同時に起こること。

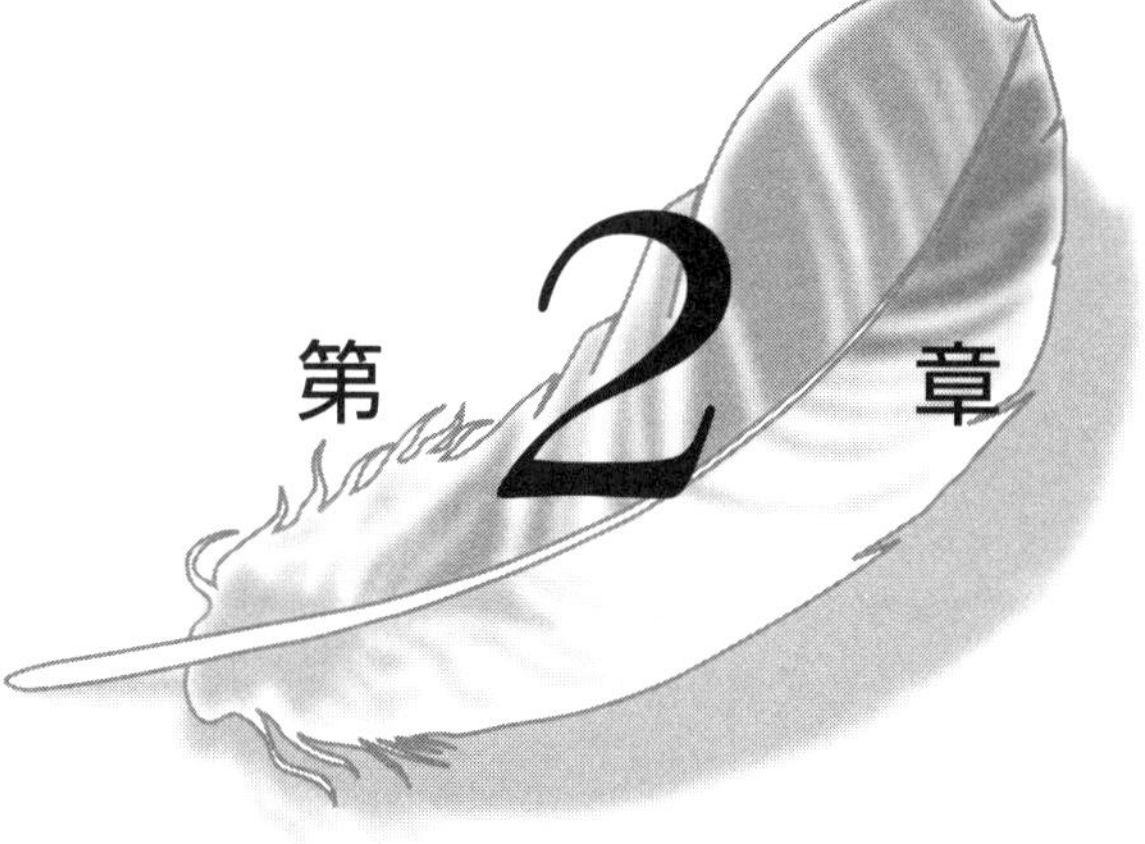

# 第2章

# ヘミシンク・ワーク体験（初日～3日目）

## ワーク初日

### トンデモさんはいなかった

ワーク初日、私の心の中で期待と不安が大きく交差し始めた。

「いったいどんな人が何人ぐらい来ているのだろう？　五〇人ぐらいか？　一〇人ぐらいか？　来ている人はやはり『そっち系』の仙人みたいな風貌《ふうぼう》なのだろうか？　イッてしまっているような目をした変なオバサンがいたらどうしよう？」

意を決して会場まで足を運んだのだが、ごくごく普通の人々が会場前のソファーに座っていてホッとした。人数も一七名で、これはあとから聞いたのだが、この手のワークとしては今回は少ないほうで、ふだんのワークだと、もっと人数も多く、二ヵ月前の申込みでもキャンセル待ちになることが多いらしい。

会場内に入ってみると各々がワーク中の自分の「寝床」の準備をしていた。

私は後ろのほうにいたKさんという方の前に陣取った。

## 真剣な講義から始まった

全員の寝床も敷き終わり、早速ヘミシンクを聴くのかと思ったが、みっちり二時間ほどの講義があった。メンバーの中には早くヘミシンクを聴きたいのか、なんとなくそわそわしている人もいる。しかし講義はたいそう面白く、ヘミシンク自体の技術やヘミシンクを聴く上での基本的なツールの説明があり、こんなに真剣に授業を聞くのは何年ぶりかと一人感慨にふけっていた。

その後、ヘミシンクの合間には何回も講義を受けることになる。

次に体験するワークのガイドや、体験後の各メンバーのシェアリングが中心であったが、「死後の世界を訪問してみる」なんて、おそらくこういうことに興味のない人が見たらぶっとんでしまうような講義が大真面目な雰囲気で進行していく。

しかし、自分の中にある、凝り固まった「常識」を取り払い、純粋な気持ちで聴いてみると、こんなに大切なことを我々大人は、はるか子供の頃以降、忘れてしまっているのだ。

最近いつ考えただろう？「私は誰？」なんて。

忙しさにまぎれて私は自分の足元を見ることをすっかり忘れてしまっていたのだ。


二時間の講義も終わり、ヘミシンクを聴く時間がいよいよやってきた。奇妙な表現になると思うが、各自勇んでヘッドフォンを付けて仰向けになる。

仰向けになるだけなのに、皆さん気合が入っているのだ。

初日はフォーカス10に行きやすいようになるリラックス法等を学んだ。

「まぶた」はともかく、「額」や「頭皮」をリラックスさせるなんて、新鮮な発見だ。

初日はそんな感じで普段の生活感もそのままに、平穏なうちに終わった。
今にして思えば、この日までであろうか？
私が「啓示を受ける」程度でこのワークを終了するだろうと買いかぶっていたのは
……。

# ワーク2日目

## オーラに「触れる」

この日から私はこのワークの真のパワーを実感することになる。

人生始まって以来のとてつもなく大きなショックを怒濤のごとく連日体験するのだ。

私自身がもし思いつめるような性格だったら、今まで知らなかった自分という存在の真の姿に耐えられなかったかもしれない。

二日目のワークは後ろにいるKさんとペアを組み、相手のオーラに触ってみるというゲームから始まった。

相手にじっと立っていてもらって、約二メートルほど斜め前の場所から手のひらに感覚を集中させ、徐々に距離を縮めていくゲームではかなりのペアが相手のオーラに触れることができて、あちこちで歓声が上がった。

私もKさんのオーラに触れた時には手のひらにピリピリとした感触を受けたし、K

さんが私のオーラに触れたときには、彼の手のひらから出るホンワカとした温熱感を感じることができた。

このゲームをきっかけとして私はKさんと親しくなれた。

Kさんはヒプノセラピー[*1]という催眠療法を仕事にしているとのことで、この手のワークに慣れていない私にとってはとても頼りがいのある人だった。

初心者の私がこんな人とペアを組めるとは、本当にラッキーだ。

## 三つの「恐怖」を見る

そんなゲームのあと、本格的なヘミシンク・ワークが再開された。

今度のワークは「潜在意識下にある恐怖を把握し、それを取り除く」というもので、フォーカス10の意識状態で潜在意識にある「箱」から自分の抱える恐怖を三つ取り出し、「記憶」にまとわりついている「感情」と「恐怖」の二つを泡に変えて消し去るというものであった。

深く考えることもなく、呑気な気分でこのワークに取り組もうとしていた私であったが、後に自分の潜在意識はそんな単純なものではなかったことを思い知ることになる。

## 一つ目の「恐怖」

フォーカス10に着いてからガイダンスに従い、自分のイメージで創り出した金庫の箱に近づく。

その中から恐怖を取り出すのだが、自分でもいったいなにが出てくるのか想像もつかない。

恐怖を取り出すこと自体に恐怖を感じるのだが、今さら引き返すこともできず、とりあえず金庫を開けて中を覗《のぞ》いた。

中にはなんと黒色をしたスキューバダイビングで使うＢＣジャケットのような物が入っている。何故ＢＣジャケットなのかがさっぱりわからないが、具体的な姿で恐怖が見えるのに少々驚いた。

ＢＣジャケットを取り出し、その恐怖を感じてみる。すぐにその恐怖は姿を現した。最近のニュースでしきりに取り上げられていた、プールの水流の取り込み口に吸い込まれて亡くなった少女の事件についての恐怖であった。

たしかにたくさんある事件の中で何故か私はその事件に敏感に反応していた。

その少女が感じた恐怖や苦しさ、とてつもない絶望感、親御さんの心情を思うと、つらくてつらくて、いてもたってもいられない心境になっていた。

ガイダンスに従い、その恐怖と感情を泡に変えて上に上げた。

## 二つ目の「恐怖」

次の恐怖も黒いＢＣジャケットのような形をしていた。ただし今度は先ほどの恐怖よりも小さめだ。例によって金庫から取り出し、じっと見つめてみた。

今度の恐怖は容易に予測がつくものだった。サラリーマンなら誰もが心の中に抱いているであろう恐怖、つまり「リストラ」に対しての恐怖であった。

私の家族は幼児向けのリトミック教室をライフワークにしている妻、大学を出てすでに勤めに出ているが障害児教育の道に進もうとしている長女、横浜の大学で下宿生活を送りながら役者を目指している大学生の長男、今度大学を受験する、家族に対してあまり心を開こうとしない難しい年頃を過ごしている高校三年生の末娘という五人家族である。

もちろん学費だけでもたいそうお金のかかる時期であり、間違ってもリストラされる訳にはいかない。単純ではあるが、この恐怖は誰にでも理解していただけるものだと思う。

冷静に考えれば今の会社でも過去には希望退職を募《つの》るというリストラはあった。しかし本人の意思に反して無理やり辞めさせられるような、露骨なリストラはほとんど聞いたことがない。私は仕事の評価も人並みに得ているつもりだし、会社自体の業績も悪くはない。理論的にはリストラされる可能性はほとんどないはずなのだ。

つまり私は自分の弱い心が作り出した想像物に恐怖していた訳である。

## 強い心を持つということは

後にハイアーセルフ[*2]以外の存在で、いろいろとやさしく教えてくれるガイド[*3]に私は出会うことになるのだが、彼は私が自分の心の中で「怒り」や「恐怖」を生じさせてしまった時には、しきりに「観察」するようにアドバイスをくれる。人間である以上感情が発生するのは当然であり、それを無理に抑え込むことには意味がないらしい。

むしろ冷静に「観察」することが自己の成長に繋《つな》がり、その「観察」を繰り返すことにより心が常に澄《す》み渡り、落ち着いた平常心を常に保つことができるようになるそうだ。

これが強い心を持つということであり、一般には「強い意志を持つ」ことと同義語のように捉えられがちだがそれとは違う概念である。

しかし、次に出てくる恐怖について、この時点では何故そんなに過敏に反応するのかがよくわからなかった。

## 三つ目の「恐怖」

再度金庫に向かう。金庫のドアを開けて中を覗き込むと、またまた黒いＢＣジャケットがある。しかも今度はかなり大きい。

いったいどんな恐怖があるのか想像もできないが、興味津々で取り出してみた。

大きな恐怖を取り出すのに「興味津々」とは私もポジティブというか恐さ知らずというか、好奇心いっぱいの子供のようなところがある。まあこの姿勢が今回はプラスに出ているのだと思うことにする。

ＢＣジャケットを見た途端、心の中で封印し続けてきたどす黒い恐怖がずしりと姿を現し、頭を殴られたように大きな衝撃を私は受けた。

今までも顕在意識にその片鱗《へんりん》が姿を現すことはあったのだが、自分から目をそむけ、努めて見ようとはしてこなかった恐怖……。

その恐怖とは、「子供達が去っていき、取り残される恐怖」であった。

長男が下宿というかたちで私たち家族のもとを去っていった。もう二度と一緒に生活することはないかもしれない。引越しの最終日、私は長男を空港まで見送ったのだが、飛行機が飛び立って見えなくなるまで、ほろ苦い感傷を抱きながらその場に悄《しょう》然《ぜん》と立ちつくしていた。長女もいずれ嫁に行って私達の元を去っていくだろう。次女も時が来れば独立し、同様に去っていく。

今まで三人の子育てで忙しかった頃は、家に帰ればいつも誰かの泣き声や騒がしい声が止まず、常に全力疾走のような生活を送っていた。早く手が離れればいいのにと願ってやまなかったが、今思い返せばあの頃が一番充実していた。

この感情は子供を持つ親であれば誰もが抱く感情だろう。

ただ、通常は「寂しさ」レベルであるはずのこの感情が、なぜ自分の中では「恐怖」であるのかがよくわからない。

それだけ私は子離れできていないということなのだろうと、そのときは納得することにした。

## 意識の拡大を感じる

次はいよいよフォーカス12に行くワークである。目覚めることなく二回連続でフォーカス10からフォーカス12へ移動するのだが、最初の移動ではその感覚の違いが把握できず、二回目の移動で「意識の拡大」を感じることができた。

できるだけ言葉でその感覚に説明を試みてみよう。

あなたがダイビングをしていて、海の中を探索しているとする。

これが今の三次元世界のイメージだと仮定する。

つまり、海の中であるから、視界はそう遠くまでは見えない。いくら透明度が良くてもせいぜい五〇メートルが限界だろう。その後あなたは浮上し、海面から首をぬっと突き出す。途端にバーンと視界が開け、遠くの島や水平線が見える。抜けるような青空も見える。

水中の閉塞感《へいそくかん》とはまるで違う、開けた世界をあなたは体験することになる。

「意識の拡大」についてはこう説明するのが最も適切だと思うのだが、おわかりいただけるだろうか？

## ハイアーセルフとのファーストコンタクト

そのフォーカス12でまたまた驚愕の体験があった。

今回のワークで私はそろそろ私のハイアーセルフとコンタクトをとりたいと願っていたが、何故か見えることまでは期待していなかった。

そこでハイアーセルフが来たのなら、左手を触ってほしいと願いながらフォーカス12の中を漂うことにした。

次に起こった現象は、当時の自分の知識ではとても説明できるものではなかった。

フォーカス12の心地よさのなかで漂っていると、左のほうが少し明るくなってきた。もちろんカーテンを引いていて部屋は暗いし、アイマスクまでしているので光は見えないはずなのだが、深い霧の中からヘッドライトの光が届くように、間接的な感じの光が見え始めたのだ。

同時に左半身が温かくなってきた。ぼんやりその光に注意を払っていると、光が動きだした。頭の上を左から右へゆっくりと移動しだしたのだ。温熱感も同時に移動する。

頭の上のルートを通って右側へ移動した光が今度は垂直のルートで左方向に、つまり私の体の真上にやってきた。

視界全体が明るくなってきた途端、腹から胸にかけての上半身全体が例によってスースーし始めた。

スースーするのには慣れっこになっていたのだが、こんなに広範囲にスースーするのは初めてだ。「私は今後どう生きればいいのですか?」あらかじめ用意しておいた質問をここぞとばかりに問いかけたが返事はなかった。

今のが私のハイアーセルフなのか?

恐怖感はまったく感じなかったのでそんな気がする。しかし、普段のビジョンとかの場合はとてもさりげなく現れてくるので、ファーストコンタクトはそんなふうに肩すかしな出会い方であろうと私は予測していたのだ。結構おごそかな雰囲気で出現してきたので、私のハイアーセルフは意外と正統派なんだなと思った。

## 三つの質問を投げかける

次のワークもまた、フォーカス12で三つの質問をハイアーセルフに投げかけてみようというものであった。

例によってフォーカス10まで自力で行き、ガイダンスに従ってフォーカス12に到着する。ここまでくるともう慣れたものである。

しばらくフォーカス12で漂っていると、さらに深く体が熟睡していくのを感じる。

ガイダンスが最初の質問を投げかけるように促してきた。

私は「私は今の仕事をこのまま続けるべきですか？」と先ほどと似たような質問をした。

しばらくすると、なにやら洋風のドアのようなものが見えてきた。

凝視しているとビジョンはさらに広がり、こぎれいな洋風の煉瓦《れんが》でできた家の一部が見えてきた。高級住宅地にあるケーキ屋さんのような洒落た感じに見える。

壁にはツタがからまっており、ドアに続く通路に雨よけの屋根が続いている。

しかし、なんのことなのか例によってサッパリわからない。

次の質問は、「私の人生の目的は？」と根本的なことを聞いてみた。

ぼんやりとした薄暗い世界の中から、なにやら三角錐のシルエットが上を向いて複数かたまっているのが見える。

なんのことやらよくわからないのでしばらく待っていると、なんと鉛筆が複数鉛筆立てに入っているビジョンが見えてきた。

「勉強？」

子供のようであるが、私はなにが嫌いといって勉強が大嫌いである。

今の仕事でもしょっちゅう勉強させられて、試験も定期的にある。

少々うんざりした。もっと深く捉えてみると「学び」ということではないだろうか？

こちらのほうが好都合なので自分で勝手に「学び」と捉えてみることにした。


三つ目の質問は、「息子はこのままの生き方でいいでしょうか？　イエスなら右手、ノーなら左手を触ってください」と問いかけた。

先ほども書いたように、大学生の長男は役者を目指している。

自分の信念でクリエイティブな仕事を目指すのはとてもいいことだ。しかし親としての本音はやはりリスキーな道を歩んでいるとも思っている。

その辺がとても心配なのだ。

最初は何も変化がなかったが、しばらくすると右手全体に軽くピリピリした感触が出てきた。イエスなのかとほっとしたのもつかの間、今度は左手に同様の感覚が出てきた。

「どっちやねん!!」関西人なので思わずツッコミを入れたくなる。

やはり自分の作りだした感覚なのか？　と考えていると、今度はなにやら伝票のような紙が見えてきた。凝視していると、その紙の下に台形の箱のようなものが見える。

全体像がハッキリしてきた。レジスターである。しかし、最近のコンビニに置いてあるような高機能なものではなく、古いタイプのものだ。やはり意味がわからない。

## ハイアーセルフもまたワンネス

その後のハイアーセルフとのやりとりで、他人の人生については、やはりその人のハイアーセルフに聞いてみないといけないということを教えてもらった。人それぞれにハイアーセルフが存在する以上、その人を導くのはあくまでもその人のハイアーセルフであるということだ。

しかし、ハイアーセルフにも横の繋がりはあるらしく、お互いに影響を及ぼすのだそうだ。

「我々（ハイアーセルフ）もまたワンネス[*4]なのだ」当たり前と言えば当たり前だが、すべての人間が大きなワンネスという概念に組み込まれているのであれば、ハイアーセルフ同士ももちろん繋がっているということになる。

横の繋がりも瞬時に行われるのであろうが、あくまでも他人には干渉できない範囲というものが存在するらしい。

そういう意味を込めて、私の右手と左手両方にサインをくれたのかもしれない。

そういう意図だったのなら、実にウイットとユーモアに富んだ反応である。

息子の人生はあくまでも彼自身が切り開くものであり、たとえ親でも私が干渉すべき領域ではないということだ。ビジョンに関しては息子のハイアーセルフから私のハイアーセルフを通じて見せてもいいギリギリの線を見せてくれたのかもしれない。

「少なくともお金には困ることはない」私はそう捉えることにした。

## 出会わなければならない人

このワーク後、最前列にいた若い女性と誰か場所を替わってもらえないか？　という依頼があった。どうやらクーラーの風が直接当たって寒いらしい。私は寒さには強いほうなので手を挙げて替わることにした。

手を挙げたあとで気がついたのだが、後ろにいるKさんと離れてしまうことになり、中し出たものの少し心残りを感じた。

しかし、Kさんとの出会いはもちろん、この移動自体もシンクロニシティだったのだ。

私はこの会場で出会わなければならない二人とさりげないかたちで引き合わされ、後にいろいろと助けてもらうことになっていくのだった。

## 量子的自己の本質

席を替わってからの初めてのワークは、「量子的自己」という世界の探求であった。

「量子的自己」というと、なんだか堅苦しく考えてしまいがちになるが、要するに、「物質としての自分を感じ、さらにその感覚を超える」というワーク内容である。

「自分探しの旅」という言葉が流行っているが、このワークであれば、それ以上の自分が探せるのではないだろうか？

フォーカス10からガイダンスに従って山の山頂にいる自分をイメージする。

近くにお花畑を連想するように言われるが、何故か私のイメージするお花畑はピンクの花が三本程度しか咲いていない。

寂しい風景なので、もっと大量の花を出そうとするのだが、まったく増えない。やはり愛が足りないのか？　と考えていたら、今度は後ろにある石の階段を登るように指示を受けた。曲がりくねった石段を登りつめると今度は湖をイメージする。

その湖に首まで入り、さらに深みへと進む。

指示されたとおり自分のからだがゆらゆらと溶け出して、水と同化していくようにイメージする。とても気持ちがいい。この時点で結構な数のメンバーが実際に眠ってしまったらしいが、私は例によって眼が冴えわたっている。

次に水中にあるドアをイメージするのだが、何故か私のイメージするドアは水面近くに水平に存在した。そのドアを開けて中に入るように指示を受ける。仰向けになって近づき、ドアを開けようとしたら、そこかしこから手が五本ぐらい出てきてドアを開けさせまいと押さえにかかった。

あとにして思えば、自分の本質を見ることを恐れる私の潜在意識にある精神がドアを開けさせまいとしたのだろう。普通、こういう場合、他の人はどう反応するのだろうか？　私の場合、押さえている手は無視して、なんのためらいもなくドアを開けた。このへんがあつかましいゆえんか？

ドアの中に入る。真っ暗闇で何も見えない。

先ほど、トレーナーから「ワークの間、何も見えなかった人でも、やみくもに暗闇の中を手探りで進んでいったら突然ビジョンが見え出すことがあります」という話を聞いていたので、とにかく暗闇の中、手を前に出して進んでみる。

自分の手だけが白黒で見える世界がしばらく続いたが、遠くのほうになにやら「緑色に光る直線」が見え出した。凝視していると、それは複数の線からなる「幾何学模様」であるのがわかった。

そのうちそこかしこに「緑色の幾何学模様」が多数出現してきた。

例によってなんのことやらさっぱりわからない。もっと安定した世界はないのかとそこから離れると、暗闇の中、遠くに階段が浮かび上がって見えてきた。

クラシックな落ち着きがあるヨーロッパ調の木製の階段で、どうも一階の踊り場のように見える。やれやれと思いながらその階段を登る。

## 「エッシャーのだまし絵」に隠された意味

上に上がってまたまた驚いた。なんと「エッシャーのだまし絵」[*5]の世界のように、上、下、斜め、横、と階段と壁があちこちに延びており、それぞれを凝視すると下に向かっているはずの階段が上に繋がっていたり、横に延びている壁が天井のように上と繋がっている。本当に「エッシャーのだまし絵」の世界の中に立体的に入り込んでしまったような、眩暈《めまい》のする感覚を覚えた。

これが自分の本質ならば私は狂っているのだろうか?

階段の隙間《すきま》から抜け出して後ろを振り返ると、だまし絵の世界が暗闇の中でポカンと浮かんでいた。何が何やらますますわからない。

そのままさらに進むとこんどは超巨大なステージのようなものが見える。ところどころがスポットライトで照らされており、ジャンボジェットが三機は縦に並べられるほどの大きさだ。左右に客席に降りられる階段が見えるがそれ以上は暗闇の中で見えない。ぼんやりそのステージを眺めていると、戻るようにとの指示があった。急いでもとのドアに戻った。

この時の私は三次元的には想像できない世界を見ており、把握できていた。しかし今になっては、たとえ脳内でもこの異次元の世界を再現することができないでいる。

後に、「エッシャーの世界」には深い意味が隠されていたことに気がついた。

実は「エッシャーのだまし絵」は、画家であるエッシャーがロジャー・ペンローズ[*6]という理論物理学者から示唆《しさ》を得て描いたものであり、「ツイスター空間」という特異な幾何学的概念を表現したものだったのだ。

もちろんそんな理論物理学の知識など私にはまったくない。そしてなんとこのロジャー・ペンローズは著書『皇帝の新しい心 コンピュータ・心・物理法則』（みすず書房刊）で、脳の情報処理には量子力学が深く関わっているという「量子脳理論」を展開しているのだ。

ひょっとすると、「量子的自己」という言葉から推測するに、私は「脳内の情報処理機構」を見てきたのであろうか？ それとも高次元の存在が「シャレ」で私にこの世界を見せたのだろうか？

しかも私はペンローズの存在を、「後に連続するシンクロニシティ」で知ったのだ。

まったく唖然とする。

顕在意識の私が知らない知識を、何故潜在意識は知っているのだろう？

## 自分の環境に疑問を抱いて

ワークの休憩時間中、いろいろな方々と話をした。

私のようにいろいろな意味での行き詰まり感から参加された方もいたし、個人的な重たい問題を抱えてここにやってきている方もいた。

ただ、ほとんどの人に共通して言えることは、お金や社会的地位、名誉が価値観の根本をなすという今の社会に疑問を持ちつつも、周囲にそんな世界の閉塞性を話し合える友人がいないという現実であった。

こういった、人間として一番大切なスピリチュアルの向上について話しあえる環境が少なすぎるというのはやはり大変寂しいことだ。私も家族の中ではそういった話ができても、いざ社会に出ると、心が柔軟そうな若い人にでもほとんどそういう話はできない。

会社という組織の価値観に自分の主体を置いてしまっているように感じるのだ。

プライベートな世界はあくまでも仕事に付随する存在で、社内での評価が自分の存在価値としての最大の要素になってしまっているのだろうか？

仕事よりもプライベートを優先させることに何故か罪悪感のようなものを持ってしまっ

ている人までいる。毎晩遅く家に帰り、自分は仕事中心で家族をかえりみないということを自慢げに語る人がいること自体、私には信じられない。

一人ひとりはやさしい心を持ち、向上心のある人間なのに、どこかでレールのポイントがずれて違う方向に向けられてしまっているように感じるのだ。

二日目のワークを終え、自宅に帰った。例によって妻と長女は興味津々である。ただ、高校三年の次女はずっと部屋の隅にあるＰＣの前から動かず、いつもどおり心を開こうとはしない。すこし寂しい思いがした。

# ワーク3日目

## リモートビューイング体験

三日目のワークはリモートビューイングといって、日本語で言うところの「千里眼」を体験することから始まった。正確には「遠隔視」と訳すらしい。

フォーカス12に入って相手を観察し、具体的な事実を感じ取るというものであり、超能力捜査官としてTVで有名なマクモニーグル氏の能力がこれにあたる。

私もフォーカス12に入り、あらかじめペアを組んだメンバーの遠隔視に挑戦してみることにした。

相手のことを知らないほうが望ましいので、私は隣の由子さんとペアを組んだ。由子さんとはほとんどしゃべったことがないため、先入観はお互い生じないはずだ。

例によって何も見えないが、そのうち、なにやら丸いものが浮かび上がってきた。よく見ると太陽のようだ。今度はその周囲に海と山が見え出した。ただし、トロピカルなイメージではなく、山と海の景色は日本の海岸によく見られる風景である。

さっそくお互いの見たイメージのシェアリングを始める。

私は「海のある町から来たのですか？」と彼女に聞いてみたが、「違う」と言う。なんだ、はずれたかーと思いながらさっき見たビジョンを説明し始めた。

彼女の目がみるみる輝き始めた。なんと来週、和歌山の海に旅行することになっていて、それをとても楽しみに毎日そのことばかりを考えているそうなのだ。

とりあえず、リモートビューイングというよりもテレパシーは感じ取れた。


同じような現象を長女とのテレパシー実験でも後に経験している。

「あらかじめ決められた時間に、職場にいる娘から私にイメージを送る」という実験なのだが、そのケースでは暗闇の中、なにやら「娘の眼」が浮かび上がってきた。見慣れた眼なので間違えることはない。鏡に向かって化粧でもしているのかと思ったら、その眼がだんだんと細くなって閉じられた。全く意味がわからない。

彼女の帰宅を待って話を聞いてみると、彼女がその時間に私に送ったイメージは兵庫国体のイメージキャラクター「はばタン」だったとのことだ。

つまり、意図した実験としては失敗である。

しかし、そのあとよくよく話を聞いてみると、「はばタン」のイメージを私に送ったあと、娘は休憩に入り、机に突っ伏して居眠りを始めたらしい。娘の眼が細くなっていったのはそういうことなのだ。

どうも私には視神経的に見るという能力はなくて、何者かによって、象徴的に加工されたビジョンを見させられているような気がする。

量子的自己での「エッシャーの絵体験」でもそうだった。とても不思議だ。

## 「Bless the Children」

昼時になったので、中華料理店に私の車で女性の四人グループと一緒に行くことにした。実はこのこともシンクロニシティだったのだ。

一緒に昼食に向かった女性のグループの中にちょうど私の斜め後ろでワークに参加していた友香さんという方がいた。まだ若い女性で彼女もワーク中に豊富な体験をしており、「なんでそんなに凄いの？」と車中で聞くと、なんと彼女はあっさりとこう言ったものだ。

「実は私、チャネラーなんです」

実にぶっとんだ研修である。チャネラーが身近にいるなど、滅多にないことだろう。

道中、それぞれの趣味が話題になった。

私の趣味が作曲であることを明かすと、友香さんが聴いてみたいと言ってくれた。そこで私は、自分が最も気に入っている自作の曲「Bless the Children」をかけた。

実はこの「Bless the Children」については作曲の過程で、最初はリズミカルでシュールなイメージの曲を作るつもりだった。しかし最初の意図どおりに制作が進行したのは始まりのドラムの音だけで、例によって穏やかなメロディーが次から次へと自然に出てきた。修正しようとしたが、最初にできたイメージのほうが自然で作り直したものよりもよかったので、そのメロディーに沿って閃くままにイメージをそのまま膨らませていった。

曲名は当時子供にまつわる悲惨な事件が多かったので、祈るような気持ちで自然に決まった。

私はこの曲が自作の中では一番好きで、車の中でもしょっちゅう聴いている。自分で言うのもなんだが、結構癒されるのだ。

## 五つの質問の答えを聞く

午後の最初のワークは、フォーカス12で五つの質問をするというものであった。

私は「今の段階での重要なメッセージは？」という五番目のメッセージを忘れてしまい、聞くことができなかったが他の四つには答えをもらえた。

**〈一番目の質問　私は誰ですか？〉**

例によって暗闇が続いた後、いきなり青空が見えた。すぐに視界がランダムに回転し始める。からだごと洗濯機に入ってしまったような感じだ。どんどん昇っていく感じが続き、だんだんと空が藍色になってきた。成層圏なのか？　さらに私は昇りつづけ、なんと宇宙空間に達した。ここで止まるのかと思ったが、まだまだ昇っていく。地球の全体像が見える。どんどん地球から離れて行き、ついに地球が点のようになってしまった。

ここでやっと止まる。その後、視界は暗くフェードアウトしていった。

これではまるで何のことかサッパリわからない。スピリッツは宇宙で生まれるということなのだろうか？

**〈二番目の質問　今生の一つ前はどんな人生でしたか？〉**

なにやら丸いものが見える。ボール？　いや「まり」だ。着物の柄がパッチワークのように組み合わされている和風のまりが見え、続いて幼い女の子の頭の前部分だけが見える。四歳くらいだろうか？　何故か顔は見えない。きれいに髪は結われており、かわいい感じがする。何故か江戸時代だとわかる。

江戸時代はともかく、何故女の子なのだろう？　自分の前世は女の子だったのか？「まり」はそれを強調するために出てきたのだろうか？　やはりよくわからない。

**〈三番目の質問　今生の私の目的は？〉**

三角錐が複数見える。なにやら上を向いて寄り合っている。しだいにビジョンがハッキリしてきた。なんとまた「鉛筆立て」である。

繰り返し出てくるビジョンには意味があるというが、私の今生は「学び」からは逃げられないということらしい。楽しい「学び」であることを願いたい。

**〈四番目の質問　今生の目的を達成するために何が必要ですか？〉**

今度はビジョンではなく、頭の中に非言語の状態でイメージが現れた。

「お前はもう得ている」

いったいどういうことなのか？　私はすでになにを得ているというのか？　あれこれ考えてもやはりわからない。ガイドと繋がったことを言っているのだろうか？

## ガイドからのメッセージの真意

読者の皆さんもここまで読んでこられて、もうすでにお気づきだと思うが、私のガイドは直接的な表現でなにかを教えてくれるということは滅多にない。特に自己の成長に関わる内容についてはその傾向が強い。

ヒントを与え、私が自力で結論を見出せるように導こうとするのである。

あとになってわかったことだが、自分を成長させるのはあくまでも自分自身であり、人からもらった概念をそのまま自分の中に取り込むという行為に私のガイドは否定的である。

前世の発見についても、後に私のガイドからこう教えてもらった。

「曲がりくねった道の向こうにあなたの前世があるとする。あなたは車の後部座席に乗り、その道を運転手に運転してもらって目的地に着き、『ハイ、これがあなたの前世ですよ』と言われて前世を知ったとする。いったい、あなたに何の成長があろうか」

「我々（ハイアーセルフ、ガイド）は、曲がりくねった道をあなたに示し、『さあ、どうやったらあそこまでたどりつけるかな？』とヒントを出すだけである。自分のカルマを知るためには自分自身の力で道を切り開かなければならない。それが成長というものである」

自力で清算しなければならないカルマを誰もがその魂に抱いているということらしい。

## 衝撃の前世を知る

この後のワークはフォーカス12で、それぞれ自由に聞きたいことを質問するという内容であった。

例によって気軽な気持ちで質問を選んだ私であったが、このワークで私は自分と自分の家族にまつわる衝撃的なカルマを知ることになった。このことは自分の中で大きなトラウマとして魂に残っており、今でもこのトラウマを癒しきれてはいない。

思い出すたびに涙が出てしまうのだ。

こんなプライベートなことを本で発表すること自体、気が引ける部分もある。しかし、ハイアーセルフは現実に存在し、常に我々を見守ってくれているということを信じていただくためにはとても重要なことであり、今後の私の人生にとっての根幹ともなる内容なので思い切って告白することにする。

実は最初は、閃くままになにげなく選んだ質問であった。

しかし次の質問で私はこのワークに来た真の意味を理解することになるのだった。今まで起こったシンクロニシティのすべては、この質問に対する答えを得るために用意されたものだったのだ。

私と、私の娘達はこの答えに導かれた人生を今まで送ってきたのだ。私の人生の最大の転機がこの瞬間に始まった。


私は質問をした。一歩前に踏み出したのだ。

「先ほどの『まり』と女の子の意味は？」

衝撃的な答えが返ってきた。


「お前の娘。幼くして死んだ」

目の前が真っ白になった。あの頭のビジョンは私ではなく、私の娘だったのだ!!

私の胸に悲しみが広がり、亡くなった娘を思い、目に涙があふれた。

あの娘の父親だった私……。

そうだ、私は思い出した!!　私は愛する娘を死なせてしまったのだ!!

その瞬間、とっさに男物の着物のビジョンが頭の中に閃いた。前世の私が今生の私に必死で訴えかけてきた。親としての突き上げるような呪《のろ》いにも似た強い執念が私の心の中でいきなり膨《ふく》れ上がった。

私達は完全にシンクロしてしまった。

私は前世と今世、この二つの生に因縁があることを一瞬にして感じ取ってしまったのだ。

考えてもいなかった質問が自分の内面から湧き上がってきた。

私は質問させられた。

「何故、今生で私の末娘は家族に心を開こうとしないのか?」

「不信感」

「『不信感?』何故?　何故彼女は家族に不信感を持つのか?」

「誰も助けてくれなかった」

突然、川のビジョンが見えた。

瞬間的に私はすべてを理解し、山崩れのような感情が怒濤のごとく私を襲った。私は前世で封印してきた「パンドラの箱」を開けてしまったのだ。

私の幼い娘は川で溺《おぼ》れ、家族の誰一人として彼女を助けることができなかった。そしてその娘は今生でも私の末娘として再度生まれてきたのだ。

私の末娘は元々「家族に不信感」を持って生まれてきた。「死の苦しみ」のみならず、重いカルマまでをも彼女は背負わされてしまっていたのだ。

## 「家族の中の孤独」というカルマ

なんということだ!!　これ以上の苦しみがあろうか?

シンクロした魂の中で、前世と今生の私の悲しみが「爆発」した。

心の底から地鳴りのように化け物のような感情が噴出してきた。凄《すさ》まじい感情の津波に私はこらえ切れず、仰向けになった体をくの字に折り曲げて激しく嗚咽《おえつ》した。

涙がとめどなく溢れ、アイマスクから下に流れていく……。

水の中でもがく幼い我が娘の恐怖、悲しみ、絶対の信頼を置いてきた父親、母親、姉、「誰も助けに来てくれない!!」気道に水が入ってくる激しい苦しみ、深い絶望……。


我が子を失うということは、これほどまでに恐ろしい感情を生み出すものなのか。まだ「死」ということすら理解できていない年齢の娘の、恐怖や絶望を思うと気が狂いそうになる。父親として娘を守れなかった自責の念だ。

激しく嗚咽しながら私は身もだえした。

娘を一番守るべき立場の私は彼女を助けることができなかった。

私は娘を助けることができなかったばかりか、彼女の転生でいつまで続くかわからない「家族の中の孤独」というカルマまでをも背負わせてしまったのだ。

こんなに激しい感情は今まで経験したことがない。娘のことを思うと私の精神は捩《よじ》れ、恐ろしい悲鳴をあげた。

悲しくて、悔しくて、救えなかった自分を殺してしまいたいほど憎んだ。

私は完全に前世の記憶を甦らせてしまったのだ。

これですべてが繋がった。

何故私は幼い子供に強い愛着を抱くのか。

何故私はプールで亡くなった子供が強く気にかかるのか。

そして何故自分の曲に「Bless the Children」と命名したのか。

私の中での最大の恐怖、「子供が去っていく恐怖」とは、「子供を亡くす恐怖」だったのだ。


長女は転職してまでも障害児教育の道を進もうとしている……。

私と娘達は共通のカルマを持ってこの世に生を受けてきたのだ。

そしてヘミシンク・ワーク以前から感じていた私の強い願いが具体的に姿を現した。

「私は世界中の子供達を救いたい」

この想いを私はより追求していくことになっていくのだった。

## 衝撃の余韻は続く

ワークが終わりに近づき、現実に戻るように指示があった。現実に戻りつつも私はショックを受けたままでしゃくりあげていた。

周りのメンバーには格好悪いのだが、今の私にはそれどころではなかった。眼は真っ赤だったが、全員でのシェアリングが始まった。とてもではないが、今の体験を話す気にはなれなかった。間違いであってほしいという想いだけが強かった。

私は最後の望みをかけてトレーナーに質問した。

「前世でも今の家族が同じ家族として共に暮らすということは有り得ますか？」

「そういうことはありますね」

私は頭をうなだれ、失望した。

ワークが終わって皆が外に出て行った。

私は一人誰も居ないトイレに入り、両手で顔を覆って声を出して泣いた。親としてこんなにつらいことがあろうか。あとからあとから悲しみが湧き出てくる。私は幼い娘を助けられなかったのみならず、「家族の中の孤独」という重いカルマまでをも娘の魂に背負わせてしまったのだ。

懺悔《ざんげ》の想いがとめどなく続いた。

外に出ると庭木のそばにKさんがいた。私はヒプノセラピストでもあるKさんに今の体験を告白しようとしたが、しゃべる前から嗚咽してしまってうまく話せない。

Kさんはやさしく言ってくれた。

「感情の扉が開いたんですね」

## 喧嘩腰のファーストコンタクト

次のワークではガイドに接触を試み、話ができれば交信するというものであった。

しかしながら私にはそんな心の余裕は当然なくて、たった今体験した、気が狂いそうな悲しみが頭の中のすべてを支配していた。

あれほど待ち望んでいたガイドが目の前に現れても、もはやそれは怒りの対象でしかなかった。

咄嗟《とっさ》に私が取った行動は今から思えばずいぶん失礼なものだった。

私は、とまどうことなく、挨拶も感謝もぶっ飛ばして、いきなりガイドに噛みついた。

私のように喧嘩腰《けんかごし》でのファーストコンタクトというのも珍しいだろうと思う。

「何故、あんなにつらい過去を見せた!! せっかく忘れていたのに何故思い出させた!!」

「カルマを知らなければ癒されることはない」

思いもかけない答えに私はぐうの音も出なかった。そのとおりだ。自分が前に進むための重要なステップなのだ。その後もガイドといろいろと話をしたが興奮していてあまり覚えていない。ただ最後の質問だけは覚えている。

「なぜそんなに答えが速いのか？」

「当たり前だ」

体験すればわかると思うが、ガイドの反応はすこぶる速い。質問が終わると同時に答えが返ってくる。この速度は驚異的だ。

高次元のガイドとは我々の想像を絶する存在なのだろうか？

それとも元々「交信している」ということ自体が錯覚であり、二人称を感じてはいるのだが、実は一人芝居を演じているため、質問する時点で潜在意識下にすでに答えが用意されているのだろうか？

ワーク中はもちろん、ワークのあとも私は自分自身の精神状態を疑い続けた。

しかし論理的に考えれば考えるほど、「疑う気持ち」の立場は窮地に立たされていくことになっていくのだった。

## 「空」の世界を感じる

その次のワークではフォーカス15まで行った。

うまく表現できないのだが、フォーカス15はフォーカス12とまた違い、光源がない明るさでうっすらと明るく、さらに広がりがあるように感じた。

まるで空気に抵抗感がなく、シンプルな地平線のようなもの以外なにもない。

本当に驚くほど「なにもない」。現実としての「ざらざら感」がまったくなく、あとで行くフォーカス21のほうがより現実的なほどだった。

ほかのメンバーもフォーカス12との違いは認識しているが、人によりそれぞれ表現が違う。ただ、全員一致しているのは、フォーカス15はより透き通った感じで、なにもない「ゼロ」を感じるのだ。仏教でいう『空』の世界なのかもしれない……。

私はこのフォーカス15以降、「脳のこわばり感」が楽になった。

しかしこんなに簡単に「空」の世界を感じていいものだろうか？　仏門で修行されている方々に申し訳ない気がする。後に教えてもらったのだが、この世に無駄なことは一切なく、一生をかけて修行することにも意味があり、簡単に「空」を感じてしまうことにも意味があるのだそうだ。仏教の話のあとで不謹慎かとは思うが、「すべては神のおぼしめしどおり」ということか……。

このフォーカス15では私はハイアーセルフと話をすることができるようになっていた。

ただし、変性意識レベルでの会話のみであり、姿はまったく見えてはいない。

私はまだ娘のことにこだわっており、質問をした。

「どうすれば今の末娘を癒せることができるのか、教えてほしい」

「愛しなさい。親として愛しなさい」

例によってこれだけである。

こっちは身も蓋もなく焦っているのに、また「ヒント」だ。

「至上の愛」とは、人間には時に冷たく感じるものである。

このワーク後のシェアリング時に、私は自分の前世での悲しい出来事を話した。

普通はこういったプライベートな問題は隠すものかもしれないが、私にはそんなことはできない。自分一人で抱え込むには荷が重過ぎるのだ。いわば子供のようなもので、痛い思いをすれば大声でわめかないと、一人で心の中に押し隠すなんてストレスが大きすぎて気が変になりそうだった。

仙果のチャネリングではこのことを言っていたのかと、そのとき気がついた。

●一人ですべてを抱え込まず、周りの人の助けを受け入れてください。助けを受け入れることは罪でも恥でもありません。

●自分に厳しくしすぎるのはやめてください。自分に対してネガティブな評価をしないようにしてください。自分自身を愛情をもって受け入れてください。

あらかじめこういう言葉を聞いておいて本当に良かった。

ハイアーセルフはやはりやさしいのだ。

嗚咽しそうになるのを必死にこらえて、前世で自分の幼い娘が死んだこと、今生にそのカルマが影響していることを涙声になりながらも話すことができた。

メンバー全員が真摯《しんし》に聞いてくれ、終わったら拍手までしてくれた。とてもありがたく、自分への罪の意識が少し和らいだ。

こんなに奥深い自分と対峙《たいじ》するのは初めての体験だ。

「本当の自分」とは、想像もできない代物《しろもの》だった。

まだまだショックから立ち直れていないが、今日最後のワークの時間になった。

## お坊様との遭遇

　このワークで私は非常に重要な存在に出会った。回数を重ねるごとに脅威的な体験が加速していく。まったくこのヘミシンク・ワークはとんでもなく貴重な体験である。今度のワークは「運命を変える」というもので、フォーカス15に自分の創り出した「未来への願望」を置いてくるというものだった。

　ただし、私利私欲というものについて、後にガイドから私はこう教えられている。

「エゴに囚われている者は自らの覚醒を低いレベルに設定してしまっている」

　アセンション[*7]を目指すのであれば、私利私欲に囚われていてはいけないということらしい。


　今回もフォーカス12からガイダンスに従ってフォーカス15まで進んだ。

　そのうち暗闇の中になにやらぼんやりと浮かび上がってくるものが出てきた。願望を置いてくるのが目的のワークなのに何故かビジョンが出てきたのだ。やけに横長で金色っぽく光っている。

遠くにありながらも徐々にその全体像が見えてきた。なにか、神社っぽい建築物だ。平等院鳳凰堂《ほうおうどう》[*8]のようなイメージで横に長く美しい。その建造物に正面から近づいて行くと、なにやら舞台に通じる花道のようなものがあり、その上を映画のカメラがクローズアップしていくように、ゆっくりと先に進んでいることに気がついた。

能舞台のような感じだ。

つきあたりの舞台で位の高そうなお坊様がこちらに向かって瞑想をしており、上からスポットライトのような光が当たっている。その斜め後ろにお付きの人だろうか、弟子のようなお坊さんが前かがみの礼の姿勢で立っているのも見える。

壁に取り付けられた明かり取りまでもがハッキリと見えだした。壁の色はあずき色で、まったく汚れがなく、手入れが行き届いているのを感じる。とても落ち着きがあり、高貴なイメージがある。そこでまた暗くなり始め、そこから私は遠のいていった。

あとのシェアリング時にチャネラーの友香さんにこの絵をみせたら、「鈴木さん、このお坊様には、なにか深い意味がありますね。毎晩この方を想いながら瞑想するといいですよ」と教えてくれた。

友香さんが近くにいてくれて本当によかった。後述するがこれには重要な意味があったのだ。このサジェッションがなければ、他の意味不明のビジョンと共にノートにしまい込んでしまうところだった。

今でも席を替わったこと自体に、なんらかの意志が働いていた気がしてならないのだ。

# 家族の深い繋がり

## 娘への告白

この日のワークも終わり、家路につくことになった。

暗い帰り道を走りながら、私は今日受けた衝撃を思い出し、途中で車を脇に止めて何度か泣いた。男のくせに女々しいのだが、父親なら誰でもこうなってしまうと思う。

今日帰ってから妻にどう話したらいいのか？　こんなにつらい話を長女にも話したほうがいいのだろうか？　そして一番肝心な末娘にはどう接すればいいのだろう？

「前世でお前は幼くして死んだ」など、そんな残酷な話を多感な年頃の娘に言ってはならないと思う。トラウマになってさらに傷を深めるだけではないのか。

しかし一方、このことを伏せたままでは、彼女は一生家族に対して「孤独」を感じつづけるかもしれない。その苦しみからどう救い出せばいいのだろう？

どう考えても、こんな悩みに正解などはないのだ。

私は迷いに迷ったが、結局答えが出せないまま家に着いた。

深呼吸をして暗い夜空を見上げる。薄い雲間に浮かぶ月が美しい。

しかし私の心は混乱したままだった。

玄関のドアを開け、リビングに入った。

珍しく末娘だけがポツンと一人でTVを見ている。

聞けば妻は自治会の会合で出かけており、長女は帰りが遅くなるらしい。

私はカバンを床に置き、所在なく末娘の周りをウロウロした。

家の中でいきなり二人だけになるという、こういった状況になるとは思ってもみなかった。普段だと長女や妻があれこれと話しかけてきてうるさく、末娘に真面目に話しかける雰囲気にはならないのだ。

これもシンクロニシティなのか？

どこからか「末娘に話をしろ」という意志がはたらいているのだろうか？

突然、頭の中で何かが光るのを感じた。

複雑な思考が瞬時にまるごと頭の中に入ってきたのだ。

「もはやとまどいは許されない」

私は末娘に話さなければならない。

しかしそれは末娘本人というよりも、その後ろにいる存在、つまり全転生を含めた彼女の魂に対して、過去も未来も含めた私の全存在が話しかけなければならないのだ。

生きるということはつらくて厳しい。

しかしだからこそ乗り越える喜びがあり、成長があるのだ。たとえトラウマを受けることがあっても、楽でたのしいことだらけの人生になんの成長があろうか。

私は腹をくくった。


「TVを消してお父さんのほうを見なさい」

自分でも驚くほど落ち着いた口調で話ができる。

娘は横目で私をチラッと見たが、素直にTVを消してこちらに向き直った。

恐らく説教されると思っているのだろう。顔が不機嫌である。

このあとどう話せばいいのか？　順序だてて話をしようと頭の中をめぐらせた途端、あの「まり」と亡くなった娘のきれいに髪を結われた頭のビジョンが現れ、また激しい悲しみが私を襲った。幼くして死んだ娘が目の前にいるのだ。

思いがけず感情が爆発し、不覚にも私はしゃべる前から娘の目の前で激しく嗚咽してしまった。

片手で娘の肩を抱き、片手で顔を覆った。

嗚咽を止めようとするのだが、目の前の娘がいとおしくて、悲しくて、胸が張り裂けそうになって自分の感情が抑えられない。感情の扉が再度開いてしまったのだ。

見たことのない父親の涙に娘は仰天している。

普段のクールさはさすがに消えうせて、真剣なまなざしで聞いてきた。

「お父さん、どうしたの？　なにかあったの？」

今まで私は娘の前でこんなに取り乱すということはなかった。

あまりのことに娘も思わず素顔を出してしまっているようだ。

私にはもう論理的思考などできなかった。車のなかであれこれ考えていたことがすべてぶっ飛んでしまい、頭の中がぐちゃぐちゃになっていきなり本質をしゃべりだした。

あとからあとからせかすように言葉が出てくるのだ。

「お父さんの一番大事なのは、お前だけだから!!　今度はお父さん、必ずお前を守るから!!」

なにがなにやら訳がわからず、娘はとまどっている。

「お前をもう死なせるようなことは絶対にしない。お父さんは命を賭《か》けてもお前を守るから!!　お父さんより先に死んじゃいけない!!」

娘の混乱はさらに増し、目を大きく見開いて状況を把握しようとしている。

「前世でお前は幼くして死んでしまった。お父さんはお前を救えなかったんだ。前世でもお父さんとお前は一緒だったんだ。今度はお前を死なせない。絶対にお父さんはお前を守るから。お父さんは今日、前世を見てしまったんだ」

支離滅裂ながらも娘はなにかを理解したようだ。

「私は……どうして……死んでしまったの？」

「川で溺れたようだ。誰も助けられなかった。すまない。かわいそうなことをした」

やっと順序だてて話ができるようになったが、嗚咽は止まらない。

娘の目に涙が滲《にじ》んできた。私の目の前で涙を見せるのは小学生時代以来の出来事だ。

「だってしようがないよ……。助けられないこともあるよ……」

「しかしお前は幼かったんだ。家族だけが頼りだったのに!!　すまない。本当にかわいそうなことをした」

両手で娘を抱きしめたかったが、高校三年生なのでさすがにそれは遠慮した。

そのうち娘の目から涙が溢れてきた。

私はこれ以上どうしていいかわからなくなり、黙って洗面所に行き、鏡をみつめた。

しばらくボーッとしていたが今さらリビングに戻るのもばつが悪く、そのまま服を脱いで風呂に入った。

風呂のなかで私は少し後悔した。彼女にはショックが大き過ぎたのではないだろうか？ますます孤独を深めることにはならないだろうか？　そもそも、もし私が前世を見間違えていたらどうしよう。取り返しのつかないことを言ってしまったのではないだろうか？

## 長女の見た夢

リビングに戻るとすぐに長女が帰ってきた。

私は長女にすべてを話した。前世で妹が死んだこと、私達は前世でも同じ家族だったこと、末娘にたった今それを告げたこと……。長女も泣き出した。

そして長女は泣きながら、思いもかけないことを告白しだしたのだ。

彼女には小学生時代に見た夢で今でも忘れられないショッキングな記憶があるという。

それは妹と公園で遊んでいた夢で、自分が先に公園を出て道路を走って渡り、そのあとを妹が追いかけてくる途中、何故か突然目の前のマンホールの蓋が開き、妹がそこに落ちてしまう。

助けようとして走って戻ったが、マンホールの蓋は自動的に閉まってしまい、妹の泣き声だけが聞こえてくる。必死に開けようとするのだがいくら頑張っても鉄の蓋は重く、びくともしない。そしてマンホールの奥から響いてくる妹の泣き声だけが、徐々に小さくなっていく……。

そこで恐ろしくなって目が覚めた。今でもあの泣き声は忘れられないというのだ。

これもなにか符合するものがあるのだろうか?

そのうち末娘が風呂に入るために降りてきた。普段とそう様子は変わらないが目が赤い。

私たちはさりげなくいつもどおりの生活に戻っていった。

＊1 ヒプノセラピー……催眠療法。退行催眠療法として、記憶を遡り、心身的な問題を解決する。
＊2 ハイアーセルフ……潜在意識下における高次元の自己。宇宙的視野を持つ自己の中心。
＊3 ガイド……自分を見守り指導してくれる高次元の存在達。一〇名以上いると言われ、ハイアーセルフをガイドの一員と見る説もある。
＊4 ワンネス……分離感がなくなり、すべてのものは根底で一つに繋がっているとい

う概念。

＊5 エッシャーのだまし絵……遠近法を巧みに使い、視覚の錯覚性を利用し実際にはあり得ない構図を描いたエッシャーの作品。

＊6 ロジャー・ペンローズ……数学者・理論物理学者。ホーキングと共にブラックホールの基本的性質を明らかにした。量子重力論の研究でも有名。

＊7 アセンション……次元上昇。高次のエネルギーレベルに上昇していくこと。

＊8 平等院鳳凰堂……京都・宇治にある世界遺産の阿弥陀堂。建物の屋根に鳳凰が飾られており、建物自体も鳳凰が羽根を広げた姿に似ている。

# 第3章

# ハイアーセルフの姿（ワーク最終日）

## 二〇二〇年の未来を見に行く

翌日、ついに最終日がやってきた。今日はいよいよフォーカス21、つまりこの世とあの世の境界まで行くワークが後半に控えている。

まず、色呼吸といって、「さまざまな色」をからだに入れるワークを体験したあと、フォーカス15で二〇二〇年の未来を見に行くという、これまたドキドキするワークがあった。

しばらくは例によってビジョンは見えてこない。そのうち、里山のような田舎が見え出した。ゆるやかなカーブを描いて後ろの丘から道が延びてきている。

その周辺に家が点在している。少し洋風ではあるが、これが現代の風景だと言われても少しも違和感はないように思う。芝生の上で親子が遊んでいるのが見える。

とても平和で穏やかなイメージだ。

都会に行ってみることにした。広大な緑地が広がっており、その奥に高層ビルが間隔を置いて建っている。ただ、おかしなことに気がついた。

まったく人気を感じない。車も人も見えないのだ。地下で繋がっているのだろうか？

眼を空中に向けると、妙なものが見えた。浮かんでいるのか、電線のように杜と繋がっているのかよくわからないのだが、前後に電線のような細いパイプが繋がった大きな銀色の単3乾電池のようなものが見える。

何だろう？　と思ったら、「エネルギー変換」という答えが非言語で浮かんできた。

今度は発展途上国に行ってみることにした。

具体的な国名のイメージはあるのだが、ここでは伏せておく。

赤茶けた大地が見える。草木はまばらでところどころに粗末な家がある。水の乏しい、砂漠化した灼熱《しゃくねつ》の大地を感じる。ここでもまたおかしなことに気がついた。

あちこちにたくさんの穴が掘られているのだ。その穴は大小さまざまで、ピラミッドをさかさまにしたような四角錐の形に掘られている。小さいものは車程度の穴、大きいものは甲子園球場ほどの大きさである。なんなのだろう？

そのうち緑の山をバックに近代的な高層ビルが見えてきた。

いつのまにか日本に戻ってきたようだ。

このビルの目的はなんなのだろうと思ったらまた「エネルギー」と答えがあった。

ワーク後のシェアリングで私とまったく同じビジョンを見た人がいて驚いた。芝生で遊ぶ家族連れや、都会に人気を感じなかったことまで同じだった。同じものを見たというより、お互いが感応していたのだろうか？

ただ、この二〇二〇年のビジョンに関し、私は自分の見たビジョンにある疑いを持っている。それは坂本政道さんの著書で『「臨死体験」を超える死後体験Ⅲ』（ハート出版刊）の中にやはり二〇二〇年の未来を見てきた人の体験が書いてあるからだ。「緑の森が広がる」とか「一部の地域での砂漠化」とか「プラズマ状の球からエネルギー」とかの記載があり、私はその本を読んだことがあるのだ。つまり忘れてはいたのだが、深層に刷り込まれていた記憶がビジョンを誘導した可能性は否定できない。

あとにも同じように坂本さんの本と似たビジョンを見ているが、そちらのほうは前後の状況から考えて誘導したとは考えにくい。

## 死者と生者の境界へ挑む

次のワークはフォーカス21にとりあえず行ってみて、どんな世界かを感じてくるというものであった。

当たり前だが、あの世とこの世の境界などそうそう行けるものではない。

今まで本でしか知るよしもなかった世界をいよいよ体験するのだ。

いわば全員で臨死体験に挑むようなものである。

このフォーカス21のさらに上、フォーカス49までをも体験するヘミシンク・コースもあるというのだから、唖然《あぜん》とする。

死んでも到達しにくい世界を生身の人間が探検する訳で、まったくロバート・モンロー[*1]という人はとんでもない技術を開発したものである。


いつものようにフォーカス12までガイダンスなしで到着する。その後ガイダンスに従ってフォーカス15、さらにフォーカスを上昇させて21までたどりついた。

今回、私は「あまのじゃくな選択」をした。

読者の中にも「こんなにビジョンが見えるなんて、自分の願望がビジョンを生み、それを見ているのではないか？」という疑問をお持ちの方がいると思う。

その意見に私はまったく反論しない。

普通の感覚であれば私の体験を疑い、今まで見てきたビジョンに対して、仮説を立てようとするのは当然の行為だと思う。

私の「あまのじゃくな選択」もそういう意味がある。つまり、今回のワークでは、見えてくるビジョンを片っ端から「埋没」させていった。それでも何か出てきたら少しは信憑性が増すと思ったのだ。

せっかくの体験をもったいない気もするのだが、終わりに近づいた今だからこそ、ワーク全体の信頼性を高めるためにもやってみようと思った。

とにかくフォーカス21に着いたのだから、ガイダンスには一切耳を貸さなかった。なにかビジョンが見えそうになる度に意識の中で目をそらし、努めて積極的に見ようとはしない。

当たり前かもしれないが、時間は経つのになにも見えない。

ただ、自分の寝息が聞こえるだけである。それはそれで気持ちがいい。

からだがさらに熟睡状態になっていくのを感じる。全身リラックスの極致で、しかし意識はハッキリと目覚め、例によって感覚は冴えまくっている。

……突然、暗い空に浮かんでいる感じがした。人間とは悲しいもので、浮遊感が生じると、思わず本能的に安全を確かめたくて下を見てしまった。

なんと私は暗い夜のような世界で険しい峡谷の上に浮かんでおり、はるかかなたの谷底に流れている「細い川」を見てしまった。

あれが「三途の川」なのか？　それにしては両岸が切り立った崖で、「賽《さい》の河原」というにはほど遠いと思った瞬間、今度は薄暗い青空と雲をバックに間近に「巨大なエンゼルのおしりと羽の先」が見えた。

「エンゼルのおしり」とはまた、オヤジが見るにはファンタスティックすぎて不似合いなのは充分承知なのだが、見えてしまったものはしかたがない。森永のエンゼルのようにふっくらとしていてとても可愛らしい。

私は今までスピリチュアル系の本にたまに書かれてある「妖精」とか、「天使」とかはアホらしくてまったく信じていなかった。

今回も冷静な検証を強調する割にはメルヘンなものを見てしまい、懐疑的な立場をとる人には格好の否定材料になるだろうとは思う。

でも、見えてしまったのだから嘘はつけない。意気込んで臨んだ割に結果が「エンゼルのおしりと羽の先」ではまるでコントのようだ。自分でも笑える。

終了後のシェアリングでそのことを話したら、皆が笑った。少しカッコ悪い。

## 銀河鉄道(!!)に乗って

次も再度フォーカス21に行くワークだ。

今度はもったいないのでいつものようにビジョンが出てきたら受け入れることにする。

そして今回のワークで私はハイアーセルフに直にコンタクトをとることに成功した。ガイダンスに従いそのとおりにして行くとハイアーセルフのいるドアの前に着くので、そうしたら、その前の台に置いてあるカギを使って中に入り、ハイアーセルフと会って直に話をするというものである。

信じられないだろうが、まさにガイダンスどおりにビジョンが進行していくのだ。ガイダンスがCDに録音されて流れてくる以上、自分の進行ペースにうまくタイミングが合うように時間の設定などはできないはずなのに、まるで私の頭の中での進行を見計らうように「ドアの前に着きました」などと、ガイダンスのタイミングと遭遇しているシーンが寸分たがわずピッタリ一致していくのである。

この不思議な一致に関して、多分誰も科学的説明などできるはずがないだろう。

とにかくフォーカス12まで自力で行き、ガイダンスを待つ。

フォーカス12に着いた時点で、私はすでに宇宙空間で浮かんでいる。

光を感じ、そのあとに従うように指示を受けた。フォーカス21へ向かうのだ。

私にも実際に光がやってきた。光が移動し始めたのでその光のあとを追いかけるのだが、ずいぶんと速い。速すぎて置いてきぼりになりそうな気がしたので、漫画の「銀河鉄道９９９」[*2]をイメージした。すぐにはるかかなたの星雲に向かって光のレールが出現し、かなりカッコいい銀色に光るメタリックな列車に私は乗り込んだ。

光のレールを列車は爆走していく。

「銀河鉄道９９９」のファンなら、嬉しすぎて涙が出るのではないだろうか？

実際、子供のように胸がワクワクしてとても興奮する。私は銀色に輝く銀河鉄道に乗って宇宙空間の中、光のレールを爆走しているのだ!!　凄い!!

ぐんぐん近づいてくる星雲の中にぽっかりとトンネルが空《あ》いており、そのトンネルの中に光のレールが入って行くのが見えた。

もの凄いスピードで列車が飛び込んでいく。

トンネルの中は光の洪水だった。

「２００１年宇宙の旅」[*3]という私の大好きなＳＦ映画があるが、ラスト近くに主人公が次元を超える抽象的なシーンがあり、イメージとしてはあの感じに近い。

ただ、色としてはカラフルな色ではなく、プラチナのような荘厳な色の光がもの凄い数の束になって渦状に前から後ろに流れていく。

## たくさんの霊体を見る

今までになかったあまりの展開に我を忘れた。

こんな恍惚感《こうこつかん》の中で体験を疑ってかかるなど、もはやなんの意味を持たないことを自ら悟った。

光の渦はいつまでも続く。

こんな世界を創造できるなんて、なんて人間は素晴らしいのだろう!!

そのうち駅に近づいたのか、スピードが落ちてきた。

駅に到着するとすぐに私はホームに降り立った。

天井がやけに高く、スペイン風の装飾が施《ほどこ》されてあり、厳粛《げんしゅく》な雰囲気である。

……ホームの上を見ても、何故か私は驚かなかった。

霊体がたくさん歩いているのだ……。

まるでラッシュアワーの新宿駅みたいだ。

半透明な薄いグレーの人型が行き交っているがそれぞれの霊体からはまるで悪意を感じられず、全然恐くない。普段地下鉄の駅を歩いているのとほとんど変わらない。ＴＶでやっているような恐怖体験は、そうそうあり得ないことだと身をもって知った。

ここに立っていてもしかたがないので外に出てみると、さらに驚いた。

ビル街だ。大通りに面して並木が植えられており､高いビル､低いビルが並んでいる。大気中に薄いプラチナ色の光の粒子がたくさん漂っていて、遠くがすこし霞《かす》んで見える。神聖な雰囲気だが、それ以外はまるで日本のビル街そっくりで、銀座のような雰囲気がある。私の目の前にある高層ビルには窓等が見えてかなりリアルなのに、それ以外は霞みがかかっているためか、ぼんやりとした箱状で窓や柱は見えない。

ここでじっとしている訳にもいかず、さてどちらに行けばいいのかと思ったら、右上の空にまた光のトンネルが現れた。

あのトンネルに入ればいいのか!? そう思ったら自然に体が浮き上がり、トンネルの中に入って行く。

今度は車程度のスピードでトンネルの中を進んで行った。トンネルの中はすべてが白い壁で約五メートルおきに区切られており、光源はわからないのだが光で満たされており、非常に明るく清潔感がある。

ちょうど糸でくくられたハムを内側から見ているような区切り方で、各区切りの左側にドアが一枚ずつある。あの中のどこかにハイアーセルフが待つドアがあるのが自然にわかった。

「これじゃあどのドアかわからないよー」と思ったら、少し前方のドアに赤色で縁取りが現れ、そのドアの中心に沿ってトンネルの内径全体に黒色の太い線がひかれた。

## ハイアーセルフとの直接対面

ドアの前に行くと、あらかじめ教えられたとおり台の上にクラシカルなカギが置いてあった。わたしはためらうことなくカギを差し込み、ロックを解除した。

いつもの癖で胸ポケットにカギをしまい込んで、ちゃんと入っていることを確認する。こんな状況なのに自分でも几帳面だと思う。

ドアを開け、中に入るが、真っ暗闇でなにも見えない。

眼をこらして見回していると、なにやら左半身が温かくなってきた。

左にハイアーセルフがいるのか？

とうとう私はハイアーセルフと直に会うことになるのだ。

わたしは期待に震えながら左側の暗闇を見た。

薄暗い中、私と同じ顔の高さでなにかがボーッと青白く光っている。さらに凝視する。だんだんその形がハッキリしてきて、ついにその姿を現した。


なんとそこにいたのは「クラゲ」であった。

なんで「クラゲ」なんだろう？　普通、ハイアーセルフといえば、モーゼのようにヒゲを蓄え、杖を持った風格のある姿を想像するではないか？

しかし何故かそんなに私は違和感を覚えなかった。

女子高生が発想するような「かわいい系」でないだけでもなによりだ。

その「クラゲ」はどうも顔の部分だけのようで下は人間の形をしており、カッコいいSF調の黒いサイバースーツを着込んでいる。

妙な展開になってきたが、とりあえず、一番気にかかっている質問をぶつけてみた。

「今までのビジョンも、あなたのその姿も、全部私のイマジネーションが作ったものではないのか？」

「そうだ」

私は肩すかしをくらって、唖然とした。こんなにアッサリと認められるとは思わなかった。どう話を進めようかと思っていると、今度は彼が話し始めた。

「俺はお前で、お前は俺だ。俺の作ったものはお前の作ったもので、お前の作ったものは俺の作ったものだ。私たちは一人の人間として潜在意識で繋がっているのだ」

そうか。これがいわゆる「ワンネス」という概念なのか。

筋道たてて説明してもらう前に、すべての概念がまるごと頭に入ってきた。

一秒で一冊の本を理解してしまうような不思議な感覚がある。

「ワンネス」を説明するために、まず「一個のコンペイトウ」を頭に描いてほしい。

コンペイトウの表面の粒々の一つが顕在意識をもった個人、つまり「限定されたあなた」という存在だとする。

他の粒々はあなたの前世だったり、来世だったり、他の惑星で生きている生命体だったりする。そしてそれらの粒々は共通してコンペイトウの本体で繋がっており、この本体が潜在意識という訳である。その潜在意識の奥深くにハイアーセルフは存在し、私達表面にいる粒々を導いているのだ。

また、我々地球人はコンペイトウという概念も、自分がコンペイトウの粒々であるという認識も通常はしていないが、他の粒々の中にはそのことを常識として認識している者もおり、他の次元の生命体として存在する粒にその傾向が強く、俗に言う異星人の一部がそれにあたるらしい。

ワンネスの概念はまだまだ奥深く、結局は生きとし生けるものすべてが根本で繋がっていくのだが、頭が混乱すると思うので話をすすめることにする。

次にあらかじめ設定されていた質問を投げかけた。

## ハートとハートを繋ぐ

「私からほしいものはあるか?」

「情報」

「何のことかわからないが?」

「お前の感じるすべて、お前の世界の感触。……お前がほしいのは何だ?」

「私は娘を癒してほしい。それだけでいい」

「わかった」

「前世で死んだ娘はどうしている? 成仏できているのか? とても心配だ」

「大丈夫。昇華している。ただ、カルマだけが残っている」

このあと、お互いのハートとハートをイメージで繋いでエネルギーを相互に流すと、胸から腹にかけて広範囲にいつものスースー感が出てきて、とてもスッキリした。

より近づきたくて、自然に歩みより、私はハイアーセルフと抱き合った。

暗闇の中、しっかり抱きあうサイバークラゲとトンデモオヤジ……。まるで絵にならない。

彼は言った。

「今後、お前の目で見るものと俺が見るものは共通している。いつも一緒だ」

「ありがとう」

私は彼から離れ、ドアを開けて外に出た。

カギを閉めてもとの位置に置き、トンネルの外に出た瞬間、ガイダンスで戻るように指示があった。あまりにもタイミングが合いすぎている。

フォーカス10に戻り、現実に戻った。

現実に戻ってからも私はしばらく起き上がれないでいた。

## 再度フォーカス21へ

今回のヘミシンク・ワークに私は期待をしていたがまさかこんなにぶっとんだ経験ができるとはまったく思いも寄らなかった。

まだまだ検証の必要な世界ではあると思う。しかし、否定することは私にはもうできない。さっきのコンタクトから私は自分自身が変わったことを実感できる。

意識の壁を乗り越えてワンネスを実感した時、人間の創造する力は底知れぬ力を持つのではないだろうか？　人間とは外宇宙の中にありながら、自分の中に内宇宙を持つ、自らが創造主になりうる偉大な生命体なのだ。


その後のワークで再度フォーカス21に行った。

今度はフリーフローといって、自分の好きなように自由に動くワークである。

そのうち、私はハイアーセルフと話をしていた。

「あなたは娘を癒すと言ってくれたが、私のハイアーセルフならば他人の人生に関与できないのではないのか？」

「お前を使って癒す」

「なるほど」

その後、ハイアーセルフと話は続いたが内容は忘れてしまった。

現実に帰る時間になったので、ガイダンスに従って元に戻った。

意識を戻しながらどのフォーカスレベルまで話ができるのか実験してみたら、フォーカス10を超えてフォーカス8まで話が続き、その後途切れていった。

最後に彼はこう言った。

「俺はお前でお前は俺だ」

「ありがとう」

私は答えた。

最後のワークが終わって、各自がゆっくりと起き上がりだした。

## 「揺るぎない自分」の崩壊

私は一連の体験を振り返りながら、未だに信じられない気持ちでいっぱいだった。

フォーカス10という、瞑想状態に慣れることから始まったこのワークは、最初のうちは今までの現実と照らし合わせて常識の範囲内だった。

しかし、二日目の潜在意識の探求あたりから現実離れした経験が起こり出し、それが疑いようのない触覚等で裏付けされていく。

最後には「あの世とこの世の境界」を見たり、ハイアーセルフと話をしたりと、今までの自分では絶対に知覚することのできなかった信じられない世界を、実感を伴って体験していくのだ。

世の中には「うまくできた作り話だ」と疑う人もいるだろう。

体験した本人ですらこれだけとまどい、しつこく疑うのだから、当然かと思う。

こういった反応は、我々人間が生まれてから何年もかかって築きあげてきた「常識」が「揺らぎ始める」という不安に伴う、ある意味「心理的な自己防衛反応」だと言えよう。

非常にぶっとんだこの一連の体験を認めてしまうと、「今までの揺るぎない自分」という存在の崩壊を招きかねないだろう。

事実、「今まで思い込んできた自分という存在」は破壊され、「広大なワンネスの一部としての自分」に目覚めることになっていく……。


最後のワークのあと、全員が輪になって感謝の気持ちをそれぞれのガイドに伝え、短い間ではあったが、深く心の通い合った仲間にもお互いに感謝の気持ちを伝えた。

これですべてのワークが終了ということになるのだが、最後にトレーナーが気になることを言った。

「皆さん、これからが本番かもわかりませんよ。これから二週間ぐらい、人によっては元に戻ったのでは？　と感じてしまう人もいるかもしれませんが、ますますアセンションが進んでいくのを感じる人も出てきます。お楽しみに!!」

私はこのワークが終わると、元の生活に戻ることを疑いもしなかった。

まさかこのあともさらに体験が加速するとは夢にも思わなかった。

私はもう以前の鈴木啓介には戻れない。生まれてからずいぶん長くかかったが、「さなぎ」からようやく脱皮を果たしつつあることを今では実感している。

＊1　ロバート・モンロー……体外離脱の第一人者。アメリカで、音響技術の研究を通じてヘミシンクを開発した。モンロー研究所の初代所長。

＊2　「銀河鉄道999」……松本零士原作のマンガ。少年が謎の女性とともに、銀河超特急999（スリーナイン）号に乗って終着駅を目指す物語。

＊3　「2001年宇宙の旅」……スタンリー・キューブリックが監督・脚本を手がけ、一九六八年にアメリカで初公開されたSF映画。

# 第4章

# 爆発的覚醒

## いよいよチャネリングが始まる

帰り道の間、私は自分の曲「Icarus」を大音量で聴きながら車を走らせた。

自分で言うのもなんだが、気持ちが浄化されていくような昂《たか》ぶりを覚えた時、首の後ろの部分がやけにスースーしだした。

今回のワークで、この「首の後ろ」もチャクラの一種であることを知っていたので、からだのいたるところにチャクラがあるものだなーと思って感心した。

家に着くと早速妻の興味津々攻撃に遭った。ヘミシンク・ワークに興味はあるのだが、最終的に自分がワークを受けるということにはかなりの抵抗感があり、まだまだ今まで築いてきた自分の殻から抜け出そうとはしない。

あくまでも「常識人」の範囲内でヘミシンクに興味を持っているのだ。

荷物を持って二階への階段を昇りながら、私は思った。

「やれやれ、彼女も覚醒したほうがいいのかな?」

「**覚醒したほうがいい**」

突然、頭の中で声が聞こえ、思わず質問をした。

「どうやって？」

「それは彼女のハイアーセルフが決めることだ」

私は呆然《ぼうぜん》と立ちつくした。

「ハイアーさん？　繋がってるの？」

「これからもずっと一緒だと言ったはずだ」


こうして私のチャネリングが始まった。

## 神経シナプスの問題だったとは!?

私はへたり込むようにベッドに腰掛けた。

「本当に繋がっている!!」

正直、恐怖感を覚えた。

しかし相手は誰あろう自分自身なのだ。少なくとも敵ではない。

ひょっとしたら明日には繋がっていないかもしれない。

今まで疑問に思ってきたことを私はここぞとばかりに質問した。

「なぜヘミシンクを聴いたあと、自分の脳はこわばるのか?」

瞬時に答えが返ってきた。

「神経シナプスを急激に増加させているため、脳が興奮している」

「え……? 神経シナプス!?」

ハイアーセルフから意外な言葉を聞いて私は我が耳を疑った。

「……脳のどの部分?」

「前頭葉。他の部分もこれから」

あまりの答えにこれ以上言葉が出なかった。

神経シナプスとは、脳の神経であるニューロン同士を繋ぐ情報伝達機構の部分である。

一応これぐらいの知識は持ってはいるのだが、こんな医学用語とスピリチュアルの世界が結びつくこと自体に不思議を感じるし、なによりも自宅でヘミシンクを聴きだした時から私の脳は改造されだしていたのだ。


私は今の言葉を再度整理した。

「私の前頭葉の神経シナプスはハイアーセルフによって操作され、増加している。しかも前頭葉以外にもこれから着手するらしい」

こんなことを病院の脳外科のドクターに話すと、急に親切にしてくれ、間もなく警備員が拘束着を持って飛んでくるだろう。

いったい、どうすればいいのか？　こんな話、さすがに友香さんや、Kさんにも話せない。このあとも私は誰にも相談できない体験に、ある種の疎外感を覚えることが多くなっていった。今後、この本の中にかなりの部分までは書いていくつもりだが、あまりの内容にさすがにスピリチュアル系の人でも信じてもらえないこともあるだろう。

ぶっとびすぎるため、相手を選んで話をしないといけなくなってしまったが、家族にだけはすべてを話した。そしてその家族は常に私を信じてくれた。

家族がいたから耐えられた部分もある。ありがたい。

## チャネリングによって成長する

翌日からハイアーセルフとの猛烈な交信が始まった。

交信が始まってからは、私の中ではハイアーセルフとは呼ばずに「ハイアーさん」と呼んでいるため、今後はこの呼称に改めさせていただく。

ハイアーさんとの交信であるが、ある程度チャネリングが進行してくると、時々途絶えることがある。

その原因として、一つ目はヘミシンク・ワーク直後の敏感な感受性が日々の現実にさらされることにより薄れてしまっていることが考えられ、二つ目は意図的に交信を断って放って置かれているような気がする。

つまり、いつまでも「送信側」の情報を頼りにしていては自己の成長は望めない訳であり、自分自身で考える力を身につけるために「熟成期間」とも呼べるような期間を設定するようなのだ。

しばらく期間を置いたあとに再開されるチャネリングではより深い叡智《えいち》が入ってくる。ハイアーさんは「成長」というものをとても重視しているようだ。

しかしながら常に私は自分自身を疑ってしまう。

それは私の頭の中に表出する概念が、チャネリングから得た情報なのか、それとも単に自分が二人称で創り出した考えなのか、区別がつけがたいということにある。

ハイアーさんにこの悩みを訴えたことがあるが、彼はこう答えた。もちろん二人称の私が答えているのかもしれない。

「手を突っ込めるような抽選箱みたいなものをイメージしてください。その中にお互いが持っているビー玉をたくさん入れます。そのビー玉は意識そのものを表しています。私（ハイアーセルフ）のビー玉は青色、あなたのビー玉は赤色です。ビー玉を入れたら、勢いよく箱を揺すって中をかき混ぜます」

「さて、交信が始まってビー玉を取り出す必要が出てきました。箱の中に手を突っ込んでビー玉を一個取り出します。青が出ました。正解です!! 今度は赤が出ました。残念!!

そんなことを繰り返していくうちにあなたは奇妙なことに気がつきます」

「そのうち、青と赤が混ざったビー玉が出てくるようになってきたのです。これは正解なのでしょうか？ それとも不正解？」

「自信をもってください。不信感は後退を招くだけです。『俺はお前でお前は俺だ』と言ったでしょう？ あなたの直感を信じなさい。あなたと私はワンネスで繋がっているのです」

かなりのチャネラーが同じ悩みを抱えているのではないだろうか？

もし、「そんなことはない。私は自分の意識を入れることはない」という自信満々の人がいたら、その奥義《おうぎ》を教えていただきたい。

もしくはそういいきれる人は信用しないほうがいいのかもしれない。自分に酔って自分が見えなくなっている可能性もある。仙果のように、カードを使い、必然的偶然に任せるというのも一つの方法だろうと思う。

チャネリングの目的について、ハイアーさんはさらにこう言う。

「私があなたと繋がっているのは、単にあなたに受信機になってほしいからではない。あなた達は自らの生に目覚めなければならない。自分自身を充実させなさい」

「自らを昂めなさい。誇りをもつのです。あなた達の生の目的は日々の糧《かて》を得たり、目前の欲望を満たすためにあるのではない。より広大な自分に気づき、ワンネスに近づくことにあるのだ。自分のエゴや欲望に惑わされてはいけない。直感を信じなさい」

ハイアーさんの言うように、自分の直感に自信をもつことも大切である。

つまるところ、「常に第三者として冷静に分析する自分は見失うことなく、自信をもってチャネリングする」という、まことに一流の役者さんみたいな境地に至る必要がある。

## 「直感」もチャネリングの一種

翌朝、遅い目覚めと共に交信が始まった。

私は聞いた。

「眠るのを楽しんだか？」

「楽しんだ」

「あなた達も眠ることがあるのか？」

「眠ることはないが、感覚は楽しんだ」

「何故いままで三次元の感覚が楽しめなかったのか？」

「お前の繋がりが不充分」

「繋がりすぎて一体化し、あなたのレベルがこちらに移行してしまうのではないか？」

「その時は感覚の一体化はやめるが、繋がりを切ることはない」

私もハイアーさんもお互いの世界に興味津々なのでしばらくは常時接続状態だった。

ハイアーさんは「歯磨きの気持ちよさ」に感心し、空気感、風の感触、とにかくいろいろなものが楽しいらしい。しかし、排泄《はいせつ》までをも楽しまれたのには閉口した。

ハイアーさんは言う。

「この世界は面白くて気持ちいい。そちらに生まれて戻りたくないという魂がいるのも理解できる」

「この辺は自然が多いからね。楽しくて帰れなくなるんじゃあないの？」

「いや、我々は意志が堅い。そのうちに飽きるだろう」

スーパーマーケットに行った時、自分でも無意識の内にそこかしこをキョロキョロしていることに気がついた。ハイアーさんはいろんなことに興味を示し、私は格好悪くてまるで[*1]ミスター・ビーンのような状態が続いた。

しかし私はまだ疑っていた。結構しつこいのだ。「ただ単に直観力が鋭くなり、自分は二人称で思考しているだけではないのか？」こう考えると、即座に「直感」に関しての知識が一瞬のうちに入ってきた。まるで本を読むようにスラスラと概念が出てくる。

「『直感、閃き』の類は本人にチャネリングしている自覚がないだけで、軽チャネリング状態であることを示す。しかし、その貴重な『直感』をあなたたちは自ら作り出した浅はかな『常識』や『打算』で潰《つぶ》してしまうことが多い」

「一般に女性のほうが男性よりも『直感が鋭い』と言われるのは、多くの男性が理論的にものごとを考えるため、それが障壁となって『直感』を感じにくくしているためである。また男性の場合、動物的欲求が女性よりも強く、霊的なレベルは全般として男性のほうが劣位にあるのも影響している」

つまりハイアーさんは「直感」はチャネリングの一種であり、それに従うことが大切だと言う。

## クリエイティブな行為がワンネスに近づく

繋がりたての時期は常時接続状態だったので、かなりいろいろなことを教えてもらった。ただ、言葉に出しては交信していないので、他人にいぶかしがられることはない。言葉に出していれば一人でぶつぶつ言うトンデモさんに見えたことだろう。

クリエイティブがいかに大切かについてもハイアーさんからいろいろ教えてもらった。

「想念の力は非常に強い。あなた達の世界も実はあなた達が共通チューニングで創りあげた幻想である。しかし、全地球人が同一チューニングで世界を創りあげているため、強固なものとなっている」

「疑う気持ちが芽生えれば、それをあなたの中から消すことも、変えることもできる。体外離脱で壁やガラスを通り抜けることができるのは変性意識が多元性の世界に存在するためである」

「子供は共通チューニングが未発達なため、本人の創りあげた想念世界や他人の創りあげた想念世界に触れることができる。要するに、汚れのない素直な心を持っている」

「ワンネスに近づけば近づくほど、自分の想念であらゆるものを創り出すことができる。未来、過去、物理的存在、何でもだ。したがってクリエイティブという行為は非常に大切で、芸術家はワンネスに近づきやすい状態にある。普段から自分のイマジネーションを活用しているため、強い創造力を持っているのだ」

「瞑想中のビジョンや音、肉体的感触はすべて我々とあなた個人の共同想念、つまりワンネスとしての自分が創り出したイメージである。だから創りあげたそのイメージを疑う必要はまったくない。むしろ積極的にあなたのハイアーセルフと共に自ら作り出すべきなのだ。そしてそれを信じることにより、より強固な世界をあなたは実現することができる」

「見たことのないようなビジョンが出るということは我々側の想念が強く出ているということだ。お互いに共通するイメージは限られているため、あなた達には訳のわからないビジョンがどうしても出てくるし、我々がストレートに答えを見せることはほとんどない。

また、我々は創りだしたものに名前など付けない。すべて波動で識別している」

「我々の波動を三次元世界に維持するのには努力を要する。しかし、瞑想状態の人間の波動は比較的こちら側に近づく場合が多い。そのため、瞑想状態や睡眠中にコンタクトをとることが多くなる。これからお前の波動も常時上げる必要がある」

あちらから見たこの世界は生命感に溢れ、とても魅力的らしい。逆にあちら側は動物的な欲や雑念のない神聖な世界である。お互いに惹《ひ》かれるものがあるのだ。

ハイアーさんは山の緑に感嘆し、夕焼けの空に感動する。

逆に車や電化製品等は「波動が悪い」と言ってまったく興味を示さない。

私もかなり感化されてきている。

TVからは嫌な電磁波を感じるので消したままだし、大手電気店等に行くとあちこちから電磁波を感じて頭の中がざわつき、すぐに出たくなってしまうのだ。

## レイキ発現の謎

ワークが終わった翌々日、からだに新たな変化が現れた。

なんだか手のひらがやけにジンジンと熱いのだ。手のひらを見ると真っ赤になっていて、細かいまだら模様になっている。

たしか子供の頃も熟睡した翌朝はこういうふうにジンジンして熱かった記憶がある。

朝方はそれほど気にも留めなかったが、昼からはかなり激しくなり、冷えたビール缶を持っていないと収まらないほどになってきた。

ハイアーさんに聞くと、

「エネルギーが出ている」

というだけで、そっけない返事しか返ってこない。

病気でないのはたしかなようだが、対処のしかたがわからないので、友香さんに電話して相談してみた。友香さんは、

「高次な波動が出ているのではないでしょうか。とりあえずグランディングして地に足をつけてみたらどうでしょう？　レイキのようなものかもわかりませんよ」

と教えてくれた。

このとき初めて「レイキ」というものを知った。友香さんは「レイキ」というものも使えるらしいのだ。ようするにハンドパワーみたいなものでエネルギーが手のひらから出ることらしいが、とにかくジンジンとして落ち着かない。

外に出て、大きめの公園までしばらく散歩してみた。立木に両手をあててみるとなんだかスーッとする。立木を時々変えてしばらくそうしているとなんとなく収まってきた。

## 樹木の意識を探っていくと

ホッとすると、ハイアーさんから交信があった。

「もう一度木に両手をあてて、『木の意識』を探ってみなさい」

今までそんな気持ちになったことはないが、面白そうなのでやってみる。

松の木とかはゴツゴツしているので、桜の木に両手をあてて幹の中を透視するような感じで意識を集中させた。

当然ながら、何もない。いや、何もない感覚が普段の「何もない」とは少し違う。

この感覚は以前感じたことのある感覚だ。清涼な感じで空気感までもがない感覚……。

フォーカス15!! そうだ、これはフォーカス15そのもの、仏教でいう「空」の世界だ。

ハイアーさんは言う。

「植物には光合成以外にも人間との補完関係がある。つまり浄化作用。植物には人間から発せられる感情を浄化する能力があり、いい感情もネガティブな感情も関係なく浄化する。これは残留思念にもあてはまり、自然が豊富ならだいたい二～三日以内で浄化は完了する」

「しかし都会のように植物が少ない場所ではもっと時間がかかる。場所によってはネガティブな残留思念が澱《おり》のように溜まり、そこに近づくと肩こりや腰痛の原因にもなりうるし、常時そこにいると病気までをも起こしかねない。だからなるべく植物を身近に置くべきなのだ」

「仏教でいう『空』の世界とお前が感じた『木の意識』は同一のものだ。ただ、樹木がそんな世界を内包している訳ではない。反射しているのだ。『木』はただただそこにあり、純粋に生きているだけである」

なにやら禅問答のようになってきた。「反射」とはどういうことだろう？　何故かこれ以上は教えてくれない。


後日、私は「ガイド」と呼ぶべき存在に出会うことになるのだが、この「反射」という概念について聞いてみたことがある。「ガイド」によると、ハイアーさんの言うように、「木」自体はシンプルに生きているだけで、「虫」と同じような意識レベルらしい。

しかし植物は我々動物と補完関係にあり、ハイアーさんの言うように我々の意識を浄化してしまう能力があるという。

その能力が「反射」であり、植物自体に浄化能力がある訳ではなく、鏡のように「空」の世界に我々の意識を反射し、「空」の世界で「無」に帰してしまうらしい。反対に反射された「空」の世界を感じ取ることにより人間は意識の向上が図れるのだそうだ。

たしかに樹木に手を触れて無心になるとスーッと浄化される感覚はわかった。仏陀も菩《ぼ》提樹《だいじゅ》の木の下で瞑想したというが、樹木がフォーカス15に繋がっているのであれば、それにからだを触れて瞑想することには効果があるのだろう。それが「御神木」であれば、もっと凄いことになるのかもしれない。

## 深い瞑想状態でビジョンを見る

自宅に帰ってインターネットで「レイキ」を調べてみると、「宇宙エネルギーと繋がった自分がその通路になることによってヒーリングを行う技法」とある。

さらに詳しく調べていたのだが、そのうちからだが何故かトランス状態になりそうになってきた。

しばらく無視してインターネットを続けていたが、いよいよ頭の中がぐるぐるしだしたのでこれはサインが出ているなと思い、二階に上がって、横になり、メタ・ミュージックの「Higher」を聴いた。

最初はそうでもなかったが、二〇分ほどするとかなり深く熟睡し、潜在意識の奥に入り込んでいるのを感じる。ここまで入り込むのは珍しいので、やはり必要があってヘミシンクを聴かされているような気がする。次々にビジョンが見え出したが薄暗い。なんともたくさんのビジョンが見えてきたのでストップをお願いした。これ以上見せられると目覚めてからすべてを思い出せなくて、ノートに書く前に忘れることになってしまう。

## ハイアーセルフとの合体？

その後も深い瞑想状態が続いたが、最後のほうで驚愕するような初体験をした。多分これが目的で今回ヘミシンクを聴くように持ってこられたのだろう。

深い瞑想状態でからだも波のようにゆっくりと揺れ、気持ちのいいリラックスの極致でいると、さりげなくグレーの人影が斜め前に見えた。

と、その瞬間、「**ジュボッ!!**」

なんと音を立ててその人影が私のからだに重なるように入ってきた!!

感覚的にはちょうど、分厚いステーキ肉二枚にそれぞれ深く細かい格子状の切れ目を入れ、その切れ目同士を合わせて力いっぱいお互いを押し込んで一体化したような、肉の摩擦感というか、痛みのような抵抗感があった。

同時に胸全体がスーッとし、その後温かくなった。両腕を強いしびれが襲い、からだは大波をくらったように激しく揺れた。離脱するかと思ったが離脱はしなかった。

これはなんなのだろう？ 無意識のうちに自分は離脱しており、戻ってきた時にだけ肉体を感じたのだろうか？ それにしても離脱のあと戻る時にこんなに抵抗感があるとは聞いたことがない。それともなにか悪い霊にでも取り付かれたのだろうか？

混沌《こんとん》とした意識の中で早速ハイアーさんに聞いた。

「ハイアーさん!! 今のは？」

「入った」

私は驚いた。こんな話は聞いたことがない。悪霊に取り付かれることはあっても、ハイアーセルフが肉体に入ることなど考えられない。悪霊が私を騙《だま》しているのではないだろうか？

「お前は誰だ!! お前は必要ない。私のからだから出て行け!!」

「心配するな。悪い霊はここには来ない。我々が守っている」

子供をあやすようにハイアーさんは言った。

「ハイアーさん、今までも繋がっていたじゃないか、なんで入ってくるの？」

「さらに必要が出てきた」

「今までは何処《どこ》にいたの？」

「中空」

「私になにか期待しているのか？」

「そうだ。お前の使命だ」

「私の使命？」

「お前はすでに知っているはずだ」

あとは何を聴いても答えてくれなかった。その内ＣＤが終わり、私は目を覚ました。


「私の使命」を私はすでに知っている？　なにやらよくわからない。しばらくボーッとしながら考えた。そして次の瞬間頭の中に閃くものがあった。

**●あなたは、この地球をより良くする使命をもっています。**

そう、私はすでに仙界から使命について聞かされていたはずだったのに、あまりに激しい体験が続き忘れてしまっていたのだ。

しかし、どうだろう、この遠大な使命は？　まるで子供向け番組のヒーローのようで、大人としてはとまどいを隠せない。それに今回の体験で私がカルマを追体験することにより自覚した、「子供を救いたい」という願いはこの使命に適《かな》っているのだろうか？

いや、その前に私のからだに何かが入ったなんていうこと自体があまりにも非現実的だ。

しかし、今までもそうだったが、ビジョンや交信等は否定しようと思えばいくらでも否定できるが、肉体的な感触だけは否定できない。

あえて否定するならば、「私の潜在意識が不随意筋や神経系までをも刺激して、そのような錯覚を生み出しているのではないか」という仮説ぐらいしか思いつかないのだ。

しかしその仮説自体が、この一連の不思議な体験を肯定してしまう紙一重のあやうさに支えられているような気がする。

## 高振動の始まり

その夜、軽い吐き気を感じた。苦痛というほどではないのだが、船酔いのような、しかしそんなに大きな揺れではなく、もっと細かい振動でからだ中がムズムズしているような感覚を常に感じる。

冬でもないのにからだがまるで静かなエンジンのように微妙に振動するのだ。

振動数を知りたくていろいろと試してみたが、あるいい方法を思いついた。

それは「歯の噛み合わせ」を利用する方法である。

つまり、上顎と下顎の歯を触れるか触れないかのギリギリまで近づけてみることにより、微妙な近さになると上下の歯が当たって振動していることを実感できるのだ。振動数は常に一定で環境や感情が変わっても変化はしない。ストップウォッチでその振動数を測定してみると、毎秒五回の振動であることがわかった。

家族にも同じことを試してもらったが、心臓の鼓動の影響を受けることはあっても、私のような高振動を感じることはないようだ。その他、身の回りの人に目的はうまく伏せて振動数を測ってもらったが、やはり同じように心臓の鼓動以外は反映しないことがわかった。

「これからお前の波動も常時上げる必要がある」

ハイアーさんはこのことを言っていたのだろうか？

後日、いろいろな方法で調べてみると、どうも私の体験した「ハイアーセルフとの合体」というまことにぶっとんだこの出来事は、「ディセンション」という現象の可能性があるらしいことがわかってきた。

「ディセンション」とは、「アセンション」の逆で、「スピリッツが次元降下をしてこちら側の肉体に入る」ことを意味するのだそうだ。

ただし、「ディセンション」については解釈が多々あるようで、全然違う意味として書かれてある記述も多いし、中には「ディセンション」を受ける瞬間は恍惚感で満たされるという記述もある。

私の場合は恍惚感というものはまったくなくて、どちらかというと「たまげた」とか、「痛い」という下世話な感覚であったのがなんとも情けない。

したがって自分でも「ディセンションが起こった」と言い切れる自信は今のところない。

## 妻のためらい

実はこの激変の中、私は妻にもヘミシンク・ワークを受けるように勧めてきた。

何故なら、夫婦間で意識レベルが違いすぎると関係が破綻《はたん》してしまうことになりかねないと思ったし、妻にも日常に埋没してしまっている「目覚め」があるのではないかと思ったからだ。ヘミシンクの創始者であるロバート・モンローは三回結婚したらしいが、あり得る話だと思うのだ。

それを避けるためにも妻にはヘミシンク・ワークとまではいかなくても、せめてKさんのヒプノセラピーを受けるように勧めるのだが、妻は「自分には必要ない」と、拒否の姿勢を崩そうとはしない。

私にはわかっていた。彼女の精神は今まで自分の中で育んできた「常識」が変化するのを恐れているのだ。興味はあっても「自分の常識がいったん崩壊する」ことに強い抵抗を感じているようだ。

少なくとも、自宅でヘミシンクＣＤを聴くことには同意しているのだからこれ以上強制する訳にもいかず、しばらく様子を見ることにした。

＊1　ミスター・ビーン……どこか間の抜けたキャラクターを演出したローワン・アトキンソン主演のイギリスのコメディドラマ。

# 第5章

# 異次元での体験

## 久しぶりの出社

翌日、久しぶりに会社に出勤した。

オフィスではへミシンク・ワーク以前の私とまったく変わることなく振る舞える。

営業に出た先のドクターにも、いつものように自然に薬の説明をすることができた。

しかし勘の鋭い人からは、

「目が光っているね。何かいいことでもあったの?」

と、言われてドキッとした。

まさか、「実は私、チャネリングしていましてねー」なんて、言える訳もない。

不思議なことに、気がつくと自然と胸を張ってシャキッとした姿勢になっており、心もとても落ち着いている。

私はどこか変わってきているのだろうか?

しかし都会に出た途端、振動数自体は変わらないのだが、歯の噛み合わせの振幅が大きくなった。やはり都会の波動はハイアーさんには合わないようである。

# 日本人の精神性

休暇明けだったので、仕事からの帰りは遅くなった。

自然の多い自宅近くまできてホッとすると共に、

「休み明け早々、日本人は働きすぎなんだよなー」

そう思った途端、日本人についての知識が一瞬のうちに入ってきた。

前述しているが、一冊の本がまるごと頭の中に放り込まれたような感覚で、あとはそれを読み解くだけの作業になる。まったく、こういう理解のしかたは今まで経験したことがない。

「人間には原型となる『プロトタイプ』があり、その星その星に合わせての順応を考えてそれぞれの人類が創造されていく」

「人類が芽生えたその後も環境に応じて介入を繰り返してきたが、あなたたちの観察ではクロマニヨン人から現代人に至るように大きな『フルモデルチェンジ』には気がつくことがあっても、細かな『マイナーチェンジ』には未だに気がついていないことが多い」

「生まれてくる子供達に大規模に介入することもあれば、あなた達も知っているようにウ*1

イルスを使ってDNAを操作することもある。お前のように成人になってから手を加えることもある」

「黄色人は地球人として最後に創造された。それまでの人間には個々の独立性を持たせたがゆえのマイナス面もあったため、黄色人に関しては『ミツバチ』のように、個人でありながらも全体の一部であるという意識を植えつけた」

「もちろんそれに対しての弊害もあるのだが、これからの未来に対してはその意識が重要な役割を果たしていくことになる」

「特に日本人はその精神性の高さから、期待できるものがある。だが決して日本人は自惚《うぬぼ》れることはできない。何故なら現時点ではチベット族のほうがはるかに覚醒者は多いからだ」

「日本人とチベット族には同一の介入方法がとられたため基本的な差はないのだが、霊性の向上に関しチベット族はその歴史において困難に耐え、敬虔《けいけん》さを失わなかった」

「しかし日本人は多民族との交流が激しくなるにつれその霊性が薄れていった」

「民族としての人口比率から考えて、チベット族の覚醒者の多さは驚異的ではある。しかし今後の波及を考えると、単純に人口の多さから考えてやはり日本人が地球のアセンションに重要なカギを握っていることになる」

あまりにも唖然とする話だ。ぶっとんでいるようだが、理路整然とはしている。少なくとも以前の私にはこんなに高度な発想は絶対に生まれてこない。

## 「時間」はコントロールできる

社会に戻るまで私の不思議体験はとどまるところを知らなかったが、仕事が始まると共に徐々にその回数は落ち着いていった。

しかし、逆に言うと今まではあまりにも回数が多すぎた訳で、まだまだ信じられないような体験は毎日のように続いた。

この日も仕事中にセルフうどん店で昼食を摂った時、前に並んでいたオバサン達がもたついて少しイライラした。

その時、昨日の夜にハイアーさんから教えてもらった概念を思い出した。

「お前はなぜ時間に追われるのか？　お前には充分すぎるほど充分な時間がある。お前の肉体が滅んでも次の肉体、その肉体が滅んでもまた次の肉体、転生を繰り返して、最終的にお前は時間も空間も超越した存在になる。つまりお前は永遠の時間をもっている。時間とはお前がコントロールでき得る概念なのだ」

「そうだ、私には充分な時間がある」そう思ったら気が楽になった。

オバサン達がもたつく後ろで平静に順番を待つことができた。

その瞬間、「グチュッ」と、なにか緩《ゆる》くなるような、冷凍食品が常温で溶け出すような感覚が両肩のあたりに走った。「?」と思ったが、気にすることなくうどんを平らげた。


その後、車を走らせていると、例によって妙に肩のあたりがスースーする。

アンメルツと言えばハマりすぎの場所ではあるが、アンメルツ効果が今度は肩にまでやってきたのだ。

そのうち、肩全体をスースー感が覆い、二の腕までもがスースーしだした。非常に気持ちがいい。

「チャネリングすると、肩こりが取れるなんてね〜」

自分でそう思うと、すぐにコンタクトがあった。

「お前は『時間』というストレスを肩に溜めていた。『時間』を認識した今、ストレスは消えていく」

「多くの人がなんらかのストレスをからだのあちこちに溜めている。社会人の場合『時間』というストレスを肩に溜め込んでいる場合が多い」

急いで車を止めて今の教えをメモした。肩こりがましになるなんて、初めて実用的な教えをもらったような気がする。

しかし時間という概念を認識するなんて、簡単なようで難しいことだ。

このあと、PCに長時間向かっている時などで明らかに肩がこりだすと、このスースー感がやってくることが多くなってきた。これだけは得した気分だ。

ただ、正直に言うが、やはりうまいマッサージ師にかなうものではない。チャネリングが始まってからうまいマッサージを受けたことがあるが、ハイアーさんはあまりの気持ちよさにマッサージ師さんを絶賛していた。

「マッサージ師という職業はすばらしい。医師と同じレベルで語られるべき存在だ」

私もうまいマッサージを受けると本当にそう思う。

マッサージ終了後、非常に気持ちのいい肩のスースー感が半日ほど続いた。相乗効果というのだろうか？　心身両面からの癒しになり、とても気分がよかった。

## 「お坊様」の中に入る

次の金曜日、就寝前に例のノートを見返していると、あることに気がついた。それは「お坊様」である。

チャネラーの友香さんから、毎晩「お坊様」をイメージしながら瞑想することを勧められていたのに、私はそれを忘れていた。もっとも、こんな驚愕の体験を一度に連続して受けているのだから、「お坊様」もその辺のところは許してくれるだろう。気分が少し落ち着いてきた時期だったので、そろそろコンタクトの準備ができたということだろうか?

早速瞑想してみることにした。今回はヘミシンクを使わない。お坊様と同じ状態でないと失礼な気がするのだ。

床に直接座って見よう見真似で座禅のポーズをとり、瞑想状態に入る。ヘミシンクを経験しているせいか、フォーカス10に近いリラックス状態にすんなりと入りこめる。

「お坊様」をイメージした。遠くにお坊様を感じながら、徐々に寄って行く。右に左にイメージが揺れ、うまく定まらないが何とか近づくことができた。お坊様は座禅を組んだままじっとしている。

ここまで来たら、いっそ彼の意識を探ってみようと、同化することを思いついた。

何故か真正面から入るのは失礼な気がして後ろに回る。後ろ側の首の付け根あたりが入り口だと、自然にわかる。どんどん近くに迫ると、老人特有の皺《しわ》や皮膚全体のたるみまでもが見えてきた。首の付け根に意識を集中させて潜り込むように中に入った。

お坊様はじっとしたまま動かないのだが、不思議なことに自分のからだが自然にゆっくりと揺れだした。このあとも瞑想の度《たび》に経験するのだが、からだが前後左右に自然に揺れる。頭が軽く回転することもある。波動の関係だろうか？

私は問いかけた。

「あなたはどなたですか？　私とはどういう関係なのですか？」

何も答えてくれないが、非言語で意識を感じた。

例によって一瞬ですべてが理解できる。これは私に入ったハイアーさんが協力してコンタクトを取っているような気がする。感じ取った彼の意識からすべてがわかる。何故そんなことがわかるのかと聞かれても答えようがない。とにかく一瞬のうちにわかるのだからしようがない。

私の感じ取った意識を簡単に説明する。

お坊様はかなり修行を積まれた方で、その人生において年老い、「死」を間近に感じた。もちろん「死」に対しての恐れはないのだが、自分の肉体は終焉《しゅうえん》を迎えており、霊的な向上は今回の転生としてはここまでが限界であることを自ら悟った。

そしてさらなる霊的向上を来世に託しながら死んでいったのだ……。

私の直前の生でないことはたしかだが、どうやら彼は私の前世で、今生で私をガイドし

てくれている存在のようだ。名前を聞いてみたが、

「名などない」

と、教えてくれない。

「あなたは私のガイドなのですね？」

胸のあたりが例によってスーッとし、次に温かくなった。心が落ち着き、静寂《せいじゃく》を感じる。

数多くの前世の中、霊的に進化した人がガイドとして後の自分を支えてくれると聞いたことがある。こんな方がガイドについてくれているとは、ありがたいことだと思った。

## 奇跡の眼鏡事件の顛末

翌朝、ぐっすりと眠れたおかげで気持ちよく目が覚めた。土曜日ということもあり、昨夜のことを反芻《はんすう》しながら、いろいろと思いを巡らせていたのだが、なにやら妻が騒がしい。なくした眼鏡を探しているのだ。

昨日の夜、実は私は妻ととあるコンサートを聴きに行っていた。

慌しく車で出かけたのだが、行きの車中で妻が焦りだした。聞けば、この日はコンタクトレンズではなく、眼鏡でコンサートを見るつもりだったらしいのだが、眼鏡ケースを開

けて中を見ると眼鏡が入っていない。私もケースの中を見たがたしかに入っていない。しかし、もうすでに高速道路に入ってしまっているので今さら引き返せず、しかたなく眼鏡なしで彼女はコンサートを見ることになってしまったのだ。

普段はちゃんとケースに入れているはずなのに、どこに行ってしまったのか、行方不明だと言う。車の中、リビング、寝室、洗面所、思い当たるところはすべて探したのだがサッパリ見つからない。

まったく、このドタバタした生活感と、高次元の世界には隔《へだ》たりがあり過ぎる。このギャップをどう受け止めればいいのだろう?

私も協力してソファーの下やクッションの隙間等、あちこちひっくり返したがやっぱり見つからない。

そのうち妻独特の「超論理的ヒステリー」が始まった。

「まったくもう、あなたは何のためにワークを受けてきたのよ!!　眼鏡一つも見つけられないで何の役にもたたないんだから!!」

無茶苦茶な話であることはよくわかるのだが、こういう時は反論しないのが無難なことを、私は長い忍耐から学んでいた。

「だいたい、そんな程度の能力がなんの役にたつっていうのよ!!　私がヒプノなんたらを受けたら眼鏡が出てくるとでもいうの？」

「他の眼鏡ケースに入れたんじゃないの？」

「眼鏡ケースはあれしかないの!!　あなたも昨日見たじゃないの、もう!!」

女という生き物はまったく外と内とでは大違いである。じっと座っていると、さらに過熱しそうなので、一応探すフリをしてみる。

「俺にはリモートビューイング能力はないしな～」

そう思いながら、なにげなく眼鏡ケースを手にとってテーブルの上で開けてみた。


コトン……。

……眼鏡が落ちてきた……。


「え？　この眼鏡？」私は目を疑った。たしかに妻の眼鏡だ!!

うしろで妻が驚愕し、慄然《りつぜん》と立ち尽くしている。

「なんで？　……何回も確認したのに!!　どうなってるの？」

その途端、「バシッ」というラップ音と共に私の脳に直接コンタクトがあった。

「信じなさい」

…………!!

いったいなんなのか？　どういうことなのか？

ハイアーセルフは、物質をも自由に操れるというのか？

いや、ハイアーさんではないような感じだ……。誰なんだろう？　恐怖すら感じる。

「あのー、信じなさいって、今言われたよ……」

妻はさらに驚き、混乱した頭で部屋の中をうろうろしだした。

「えーっと、このケースは朝から何回も見たし、昨日も見た。この部屋は朝から何回も探したけど、なにもなかった。私は、すでに見つけていたのに、無意識にケースに入れたのかしら？」

「そんなことあるわけないだろう？　さっきお前はなんて言った？」

「私がヒプノなんたらを受けたら眼鏡が出てくるとでもいうの？　って言った」

二人で顔を見合わせてしばらく声が出なかった。

こんなにわかりやすい「奇跡」はない。「私がヒプノなんたらを受けたら眼鏡が出てくるとでもいうの？」と妻が言った途端に眼鏡が出てきたのだ。

今まで私は、肉体的感触やテレパシー的な体験で、なんとか次元の違う世界の存在を確認してきた。しかし、こんなにも露骨《ろこつ》に疑いようのない方法で存在を示されるとは思ってもみなかった。

今まで生活してきたこの三次元世界以外にハイアーさんのいる異次元の世界は確実に存在するのだ。

朝起きて歯を磨き、車を運転して会社に行く。仕事を消化して家に戻り、夕食を食べて風呂に入って寝る。

こんな当たり前の生活と異次元の世界を複合して体験しているのをどう受け止めればいいのかわからない。マニュアルも導師もいない世界に突然放り込まれたような混乱にどう向き合えばいいのだろう?

そして妻は言った。

「私、ヒプノセラピー受けてみる」

まったく、もの凄い説得力だ。

すぐにKさんに予約のメールを入れた。

本人の中でもふんぎりがついたのか、妻はこの日から、以前より用意してあった、ヘミシンク・ワークの通信教育版にあたる「ゲートウェイ・エクスペリエンス」を聴き始めた。

## 高次元ヒーリングを受けた

その夜、私はメタ・ミュージックの「Ascension」を聴いた。

このメタ・ミュージックというCDにはフォーカスレベルの表示がない。しかし、自分の感触ではフォーカス12～フォーカス15を意識して作られているように思う。

自分の寝息を聞きながら心地よく漂う状態が続く。

前にも書いたが、眠っている自分を自覚するというのは本当に気持ちがいい。臨死体験をした人が「気持ちがよくて、戻りたくなかった」という話をしているのを聞いたことがあるが、こういう状態を指しているのではないだろうか？

---

足のほうから徐々にベッドに押さえ込まれるような感覚がしてきた。

別にこんなことではもう驚かない。その重量感がゆっくりと上半身に昇ってきて全身に及び、今度は左半身へと移っていく。

左半身が温かくなってきたと思ったら、今度は右半身へとその感触がゆっくり移動する。そのうちにからだの上から押さえられるような感じがしてきた。

表現しがたいのだが、からだの幹の部分、頭の先から足先まで直径八センチぐらいの光の芯が通り、それが扇風機の首振り運動のようにゆっくりと左右に揺れるようになってきた。

頭の中の副鼻腔《ふくびくう》でもそのゆらぎを感じることができる。とても気持ちがいい。やさしさがからだの中で揺らいでいる実感が湧いてくる。一〇分、一五分、二〇分、体感的にかなり長い間この恍惚とした感触が続き、今度は左手の肘から下全体に圧力が移動した。まるで神様にヒーリングをされているように気持ちがいい。

レイキの能力を高めてくれているのだろうか？　こんなに癒されるのなら毎日でもお願いしたいと思う。今度は頭のほうにその光が移動し、頭頂部から上にからだ全体が引き出されるような感触になってきた。

体外離脱できるのか？　と思ったが、それはなかった。しかしこの気持ちよさがまだ続いた。今度は頭の上からからだの表面全体を「光の輪」が何回も通過していく。まるでSF映画のワンシーンのようだ。

下世話な話だが、こんなすばらしいヒーリングを私は「タダ」で受けているのだ。この恍惚とした状態がいつまでも続き、私はすっかりリラックスしていた。

## 「強い意志」のイメージとは

と、突然、唐突に、「ガバッ!!」という感じで目の前に大きな顔のビジョンが見えた。

その顔は若い人間のようなのだが、少し違う。口元はやや嘴《くちばし》っぽい曲線を描いており、髪はおかっぱのような切り方で額の部分が真っ直ぐに揃っている。性別は不明で、なによりも驚いたのは、その目は眼球が飛び出すほど大きく見開かれて私を見据えており、悪霊の類をも連想するほど衝撃的で恐い。

とにかく今までの気持ちよさはぶっとんで、私は腰を抜かすほど驚いた。

「ハイアーさん!!　ハイアーさん!!　これは?!」

「悪いことではない。気にするな」

そんなこと言われても、この衝撃は忘れられない。

一種のトラウマとも言えるほどのショックだ。

たしかに悪い存在とは思えないのだが、あの「目」は恐ろしいほど強烈だった。

まったく、油断も隙もない。この間もそうだったが、突然驚かすのは止めてほしい。

例によってハイアーさんは何も具体的に教えてくれないので、このビジョンのもつ意味を私は何日も考えた。

もちろん私の中にこの出来事を判断するためのデータなど皆無である。ハイアーさんが何も教えてくれないのにはそれなりに考えがあってのことだろう。

つまり何でもかんでもハイアーさんに尋ねていたのでは私の成長は望めず、自力で答えを探す努力を強《し》いられている気がした。

もちろん四六時中そんなことを考えてはいられないので、心に余裕のあるときにあれこれと角度を変えて考えてみた。

このことはアンテナの向きをあちこちに変えてみると言ったほうが適切かもしれない。「考える」というよりも、「受信する」という感じがする。具体的に言葉で解答を得るのではなく、「閃き」が発生するのを待つ。

自分が創り出すのか、どこからかやってきて頭の中に入るのかよくわからないのだが、とにかく発想を変えて何度もトライした。

そしてある日、リラックスしている時に突然思いがけず頭の中に「概念が丸ごと」閃いた。あの「恐ろしく開かれた目」は「真の強い意志」に他ならない。

つまり、今までの私が持っていた「強い意志」は軟弱で、ハイアーさんから見ればなんとも頼りない、半開きの目のような「強い意志」だったのだ。

しかし、いくら言葉で「強い意志を持て」といったところで、「真の強い意志」のイメージ自体が私にないのだから、どうにもしようがない。

そこであのように不意をつくように「衝撃的な目」を見せて「真の強い意志」のイメージを私の心に強烈に転写したのだ。

## 「体験」しなければ「会得」はない

このことが代表的な例になると思うが、ハイアーさんはとにかく「体験」を重視する。

私のカルマにしても、前世体験にしても、「体験」しないことには「得た」ことにはならないらしい。

当時の私はそんな意味があることをまったく知らず、その後「夢の中」で聞こえたり、「たまたま開いた本のページ」に書いてあったりというシンクロニシティを経てあとから知ったのだが、エッシャーの絵と同様に、私が「自分の本質」、つまり「量子的自己」で体験した幾何学模様も人間の本質に幾何学形があることは、すでにスピリチュアルの世界では認識されている概念らしい。科学者の間で万物理論[*2]になる可能性を論じられているM理論[*3]

の根底が実は「幾何学そのもの」になるのではないかという説もあるらしい。

いくら高次元とはいえ、いったいどこからこんなシンクロニシティがやってくるのか想像もできないのだが、体験したこと自体にかなり深淵《しんえん》な意味が存在しているような気がする。

繰り返しになるが、あなたが自分の前世やカルマを知りたいのなら、とにかく「体験する」ことをファーストチョイスとしてお勧めする。前世やカルマに関しては「追体験」ということになるのだろうが、瞑想、ヒプノセラピー、ヘミシンク、とにかくできる限りの手段を通じてアクセスするべきだ。

誤解のないように付け加えておくが、私は霊能力者やチャネラーに前世を見てもらうことを否定しているのではない。

それらはセカンドチョイスとして考えたほうがいいと私は思うのだ。

## 最大のヘミシンク体験

それからしばらく経ったある日の夕方、私は今までで最大のヘミシンク体験をした。

これはヘミシンクというよりも、異次元での体験と言ったほうが適切かもしれない。

しかもあまりにも常識を超えた体験なので、そうそうは受け入れがたいだろうし、私がすでに知っていた知識を幻想として体験したと思われるかもしれない。

今回私が聴いたのは「ゲートウェイ・エクスペリエンス」のフォーカス21である。その日は二回目の夏休みの最終日で、犬の散歩から帰宅後、「今すぐヘミシンクを聴くことを要求されている」と、差し迫った感覚を感知できた。なぜなら頭の中でエネルギーがぐるぐると渦を巻き、少しでも気を許すとすぐにでもトランス状態になりそうになっていた。とてもではないが、いつものようにリビングでくつろげる雰囲気ではない。まるで帰宅するのを待ち構えていたかのように、玄関に入ると同時に頭の中の混乱は始まっていた。

急いで二階に上がってベッドに横になり、CDをセットした。何故かフォーカス21を聴かなければならない気がして、「ゲートウェイ・エクスペリエンス」の中でも最終シリーズにあるCDの中の最終章、「フリーフロー・フォーカス21」を選び、いつものように部屋のカーテンを閉めて瞑想に入った。その時なにげなく時計を見たのだが、寝室のデジタル時計は一六時二二分を示していた。

最初の数分からいきなり深い瞑想状態に入った。私の心理状態がコントロールされているように感じる。例によって宇宙空間に漂う自分を感じ、間もなく「白く輝く光の球」が私の目の前にやって来た。その光が移動し始めたので、前回と同様に追いかけるのだが、今回は自分自身かなりのスピードが出せるようになっており、おいてきぼりになってしまうことはなかった。

凄いスピードで前方を飛んでいく「光の球」を追いかけていくうちに、同様のスピードで飛んでいる自分がなんと「彗星」になっていることに気がついた。

遠くに浮かぶ金色の星雲の中にトンネルがあるのを感じ、そのトンネルが目的地への入り口であることを今回も何故か自然に理解している。

私は「光の球」と共に猛スピードでトンネルの中に突っ込んでいった。

## 次元の壁を超える

当たり前のようだが、前回と同じくトンネルの中は光の洪水だ。私はその真っ只中を彗星になって飛んでいった。前から後ろにもの凄い速度で光の束が渦状に流れていく。二回目の経験になるがなんとも説明しがたい敬虔《けいけん》な世界だ。

ただ、今回は前回と違ってずいぶんと時間が長い。変性意識レベルで移動しているのだから、時間がかかるということはないはずなのだが、前回のような「駅」のようなものになかなかたどりつかない。

「光の洪水」はたしかに恍惚感に富んだ経験であり、長く続いてほしいのだが、あまりにも長いので少し不安を感じた頃、突然「光の洪水」から飛び出して別の次元のような世界に飛び込んだ。

もの凄く広大な世界で、宇宙と呼ぶよりも異次元と呼ぶほうがふさわしい。

そこかしこに大きなプラチナ色のモコモコした「球型のもの」があり、それらが大小ひしめきあっている。この「球型のもの」を適切に表現するのはむずかしいのだが、ちょうど洗濯をする時に発生する「泡」のくっつきあった集団のような感じだ。


その後、思い出して坂本政道さんの『「臨死体験」を超える死後体験Ⅲ』を参照したのだが、坂本さんの体験されたスター・ゲートを超えたところにある「無数の宇宙」のイメージにそっくりなことに気がつき驚いた。ただ、私の場合は坂本さんと違って「泡」にもっと接近した感じで見ていたため「無数」という感覚ではなく、視界の中に見えた「泡」はせいぜい数十個だった。しかし接近していた分もっと大きく見えていた。おそらく離れて見ることができていれば坂本さんの見た世界によく似ていただろうと思う。

私はこれまで変性意識下では個々の想像力というものが大きく関与するため、体験する世界は当然違うのではないかと思っていた。しかし、この「泡」の次元を坂本さんと共通したイメージで見たということは、この三次元同様、こんな異次元が実在するということになってくるのではないだろうか？　しかし、今のところ他にも同様のものを見たという記述にまだ出合ったことがないので、まだまだ検証が必要な世界だとは思う。

それに私はフォーカス21を聴いていたのに、どうやら全然違うフォーカスに飛ばされているようなのもよくわからない。それともこれもフォーカス21の世界なのだろうか？

驚きと共にこの「泡」に見とれる間もなく、今度は通常の宇宙空間に飛び出た。暗い宇宙で星雲があちこちに見える中、「彗星」である私は「光の球」を追って前に進んでいく。しかしこの宇宙も一瞬であり、私はまたまた光のトンネルに入っていった。また同じように「光の洪水」の中を猛スピードで進んで行く。

いったい私をどこまで連れて行こうというのか？　距離など関係ないはずの変性意識レベルの移動でこんなに時間がかかるところまでぶっ飛んできて、本当に私は帰れるのだろうか？

考えてみればヘッドフォンを外して意識を戻せばいいだけのことなのだが、何故か途中で外すことにマイナスイメージを感じるし、その手段は本当に焦った時に使えばいい、ちょうどパソコンの「強制終了」と同じ「奥の手」のような感じがする。

## 白金の宇宙に漂う

今度の「光のトンネル」は思いのほか短かった。

しばらくすると私はトンネルを抜け、すべてが「白金の宇宙」を漂っていた。もう少し詳しく説明すると、上も下も右も左も、三六〇度周りがすべて白金の光で満たされているのだ。

ちょうど広大な宇宙の暗闇が黒から白金に変わったような感じで、とてつもない広さである。その中を本当は猛烈なスピードを維持したまま飛んでいるのだが、あまりの広さに速度を感じることができず、「漂う」ように感じているのである。

この「白金の宇宙」だが、やはりこれも異次元なのであろうか？　よく観察すると、単純に白金だけではなく、ところどころに「短いミミズの影のようなグレーの曲線」が浮かんでいる。

体感的には上下左右の感覚がつかめない浮遊感があった。その宇宙は想像を絶する広大さで、もはや距離感という概念すら通用しない感じだ。その宇宙のそこかしこ、遠くに近くに短いグレーの毛糸のようなものが浮かんでいるのだ。

あまりの体験に唖然とする。最初の頃のヘミシンク体験からえらくかけ離れた世界である。異次元だから当然なのかもしれないが、私の普段の生活感からこの世界感に切り替わること自体が奇跡的なことのように感じる。

そのうちスピードが落ちてきて、今度は本当にその白金の宇宙に漂う自分を感じた。するとすぐさま、「光の球」、つまりガイドが「導かれなさい」と私に言った。姿は見えないのだが、ハイアーさんがすぐそばにいるのを感じる。どうも私の頭のあたりにいるようだ。

## 硬質のリングの正体は？

話をしようとする間もなく、何故かハイアーさんは直径一〇センチぐらいの「リング」を私の頭の上に載《の》せた。こういう場合はたいてい「光の輪」であるように思われるかもしれないが、私が感じた「リング」は、鉄とか鉛でできているような硬質で重たい感じがした。

載せられた直後、ハイアーさんとなにか話をしたように思うのだが、なにを話したのかハッキリとは思い出せない。多分この「リング」の意味を聞いたのだと思うが、記憶に残っていないので、例によって答えてくれてはいないと思う。

そのうちその「リング」が下降を始めた。頭の表面を囲みながらCTスキャンのように降りてきたのだ。ただ、その速度は非常にゆっくりとしており、一センチ進むのに一〇秒ぐらいもかけて降りてくる。

何をしているのか問いかけても、「静かに!!」と言ったきり、あまり答えてはくれない。ハイアーさんにしては珍しく、難しい作業をしているように感じた。

いったいなんなのだろう? これから手術でも始まるのだろうか?

私は突然恐怖を感じ、「恐い!!」と叫んだ。

「落ち着きなさい」

ハイアーさんの言葉と共に心が温かくなって落ち着きを取り戻せた。

私の心理をコントロールしているように感じる。

いったい全体、人のからだを使って何をしているのか?

いや、正確に言うとハイアーさんも「私」なのだから、「他人のからだ」ではない訳で、とにかくネガティブな方向ではないのだろうが、気味が悪い。

降りてくるのにあまりに時間がかかるので、この宇宙に来るまでの時間経過も考えて私は言った。

「CDが終わるまで、もう時間がないんじゃないの？」

こんな奇妙な体験をしているのに時間に関してはサラリーマンの習性が出る。

「大丈夫だ。我々は時間を引き延ばせる」

まったく訳がわからない。「リング」はなんなのか？「時間を引き延ばす」とはどういうことなのか？　もう少し詳しく説明してもらいたいものだ。

そのうち、「リング」はこめかみのあたりを過ぎて、目じりのあたりまで降りてきた。

ここで進行はストップして、その感触が消えた。

## 内宇宙を見る

その瞬間、一瞬ではあるが、思いもかけない光景が目の前に広がった。

この宇宙全体のイメージが本当に一瞬ではあるのだが、「筋肉を内側から見る」ような宇宙に変わったのだ。

なんのことやらわかりにくいと思うので、なんとかわかりやすいように説明を試みると、たとえば今まで私が見ていた光景がドーム型プラネタリウムを客席から観ていたようなものだとする。

突然写しだされていたフィルムがコマーシャルに切り替わったかのように、宇宙全体に筋肉をその内側から見たような、筋繊維の束が腱の部分に集約されている、全体に赤黒い筋肉そのものの裏面が写し出されたのだ。

私が筋細胞の一つで、目を持っているかのように、内側から筋肉の裏面を観ているような世界が広がってすぐに元の白金の宇宙に戻った。

私は一瞬にしてすべてを理解した。

「ここは自分の肉体の中の宇宙だ!!」

そう思った途端、ハイアーさんが言った。

「これでお前をここに固定化できた」

なんのことやらわからないが、その言葉から、自分が半透明のゼラチン状のものになり、ボルトで四隅をこの世界にしっかり留められているビジョンが見えた。

なぜ自分のイメージがゼラチン状になるのかこれもよくわからないのだが、高級中華料理店で飲茶《ヤムチャ》として出される餃子のあの半透明のプヨプヨしたイメージが最も近い。

もう少し他のイメージがあるだろうに、「自分は餃子」とは、少し情けない気がする。

「これは私の中の宇宙なのか?」

「そうだ。しかし外宇宙と繫がっている」

今回の目的が終わった感じがしたら、そこでちょうどフォーカス12に戻るようにCDのガイダンスがあった。

## 異次元からの帰還

前回の体験でもそうなのだが、このフォーカス21ではまるでこちらの進行を見ているかのようにタイミングよくCDのガイダンスが入る。録音されたガイダンスである以上、これほどうまくタイミングが合うはずがないのに合ってしまうのだ。

先ほど来たルートを今度はさらに猛スピードで戻りだした。

光のトンネルを通って通常の宇宙、そして「泡」の次元、さらにまた長く続くトンネルの中の「光の洪水」……。

律儀にあと戻りをしている。ちゃんとつじつまが合っているのだ。

これも凄いことだと思う。

やっと三次元の宇宙に戻った途端、フォーカス12からフォーカス10へ、そしてこの現実世界に戻るようにガイダンスが始まった。またしてもタイミングぴったりだ。

ベッドの上で目覚めた私は、先ほどの経験が信じられない思いでいっぱいだった。そしてさらに驚愕する事実に気がついた。

## 時間を引き延ばす

外が少し暗くなっていたので、何時かなと思い、何気なく時計を見て私は我が目を疑った。なんと一七時四八分になっているのだ。

先ほどこのCDを聴く直前に見た時点で、時計は一六時二二分であった。つまり、一時間二六分も経過しているのである。このCD全体を聴いた訳ではなく、最終ワークのこの部分、表示によると四〇分一一秒のこの部分しか聴いていないのに、これはいったいどういうことだろう？　CDの時間が勝手に引き延ばされたとでも言うのだろうか？

どんなCDであっても、一秒や二秒の違いはあり得ても、四六分も延ばせるはずがない。たとえラジカセの調子が悪かったとしても、それならば途中で音が中断したり再開したりしてさすがに気がつくはずである。私は一貫してヘミシンク音を聴いていたし、そもそもガイダンスが気味悪いほど体験の進行と一致することも謎である。

白金の宇宙でハイアーさんが言った言葉を思い出し、私は慄然とした。

「大丈夫だ。我々は時間を引き延ばせる」

## 内宇宙と私

三次元を超えると、時間という概念は直線的に捉えられることはなく、過去も未来も現在もそれぞれを一度に全体として捉えることが可能なのだそうだが、この「時間を引き延ばす」という物理的現象はどう理解すればいいのだろう？　ハイアーさんに聞いても、

「三次元に住む人間が理論づけることに成功しても、実証することはできない。アセンションに以外に会得できる方法はない」

と、そっけない。

また、私は「内宇宙」に「固定化された」ということになるのだが、わざわざ「固定化」するまでもなく「内宇宙」自体を私は最初から内包している訳で、そこに「固定化される」ということの意味がわからない。

これが「内宇宙を認識した」とか、「内宇宙を体験した」という話なら容易に理解できるし、

実際に今回の変性意識を通じて内宇宙を体験した訳だが、何故「固定化」という言葉を使ったのだろう?

「固定化」の反語を「遊離」、「固定化」をわかりやすく「くっつける」と翻訳して考えてみた。

つまり私は内宇宙を内包する存在であるのに、その宇宙を今まで体験したことがなく、自分の意識の中で「内宇宙」を認識することなく「遊離」している状態にあった。そして今回の体験で、その内宇宙と意識を「くっつける」ことに成功したということになるのだろうか?

ユングは自伝で、「宇宙は人間の中に吹き込まれており、最も小さな部分でありながら人間は宇宙全体をうちに宿しているのである」と言っている。

また、占星術の世界では外宇宙を観測することによって、人間の内宇宙を理解するという手法をとるらしい。つまり外宇宙と内宇宙はシンクロしているという。

ということは、占星術的には内宇宙を変えることができれば、外宇宙も変わるということになる。しかし、あくまでも理論上の世界であり、私自身、自分の中の内宇宙を変えるなんて、どの部分にどういう手段を使えばいいのかサッパリ見当もつかないし、どこかで解釈を間違えているのかもしれない。

なにはともあれ、ヘミシンク・ワーク以降、理解よりも体験が先に進み、あとからその体験について自問自答したり調べたりするパターンになってきている。もっと本を読んで知識があればせっかくの体験も生きてくるのに、えらく見落としていることが多いような、もったいないことをしているような気分になる。

＊1　ウイルスを使ってDNAを操作……レトロウイルスは他生物の細胞に感染することによって、自分のRNAをその細胞のDNAに挿入する。
＊2　万物理論……全宇宙の普遍的な力を説明できうる理論。
＊3　M理論……11次元超重力理論・マルチバース（多宇宙）の存在に迫る理論。

# 第6章

# 新しい回路

## レイキティーチャーとの出会い

次の日曜日、私は友香さんに教えてもらった「レイキ交流会」という集まりに妻と出かけた。友香さんのレイキの師匠でもあり、「風船の部屋」というヒーリングルームを開設されている太田さんという方が芦屋で開催されている交流会で、なんでもレイキに興味のある人なら誰でも参加できるらしい。

私の目的は、そもそもこの手のひらから出ているエネルギーはなんなのかを知りたかったし、もしレイキであるのならコントロールの方法を教えてもらいたかった。

この太田さんという人物であるが、この出会いもまた、シンクロニシティと言えるものなのかもしれない。私と妻は後にこの太田さんの能力に大いに助けられることになっていくのだ。

太田さんは初対面の私たちを快く迎え入れてくれ、私のエネルギーを試しに受けてくれた。太田さんがおっしゃるには私の出すエネルギーはレイキというよりもやや気功に近いものだそうで、レイキのレッスンを受けることなくいきなりエネルギーが出るというのは珍しいことなのだそうだ。

話をしているうちに妙なことに気がついた。この部屋に入った時から私は微妙な波動を感じ、腕の皮膚がピリピリしていたのだが、そのうち部屋のそこかしこで「ピシッ」とか、「パキッ」とかラップ音が鳴り出したのだ。

太田さんは「波動の強い方が集まるとこういうことはあり得ます」と言われる。そのことばかりに気をとられる訳にもいかないので、とりあえず自分の体験も含めてレイキというものについて雑談交じりで話を伺った。

話の中で私は、子供の頃、熟睡したあとに手のひらがジンジンし、すでになんらかのエネルギーを出していたらしいこと、そんな時の手のひらは赤くて、サラミソーセージのように赤と白のまだら状であったことを再度思い出した。

私には霊感的なものは一切なかったはずだが、先天的には持っていたのかもしれない。

こういう波動のもとにいると誰でもレイキが出やすくなるらしく、なんと妻の手のひらまでもが真っ赤なサラミ状になっている。太田さんはこともなげに、「だいたい一日で初歩的なレイキは出るようになります」と言う。なんだかよくわからないのだが、それはあくまでも初歩の段階だそうで、レイキ自体はかなり奥深いものだそうだ。

その後参加者同士で手を繋いで輪になり、「レイキ回し」なるものを体験した。レイキの波動が時計回り、反時計回り、と回転を始める。私はてっきり太田さんが回しているのだろうと思っていたが、なんと自然に回りだすらしく、誰も回転方向を誘導していないという。とても不思議だ。

妻のレイキも初歩的なレッスンを終了された方以上に出ているらしく、いきなりのレイキ体験にしては結構実感があった。

「左から右に流れていますね」

「今度は反対方向ですね」

誰でも感じるのだろうと思って太田さんに言うと、太田さんは驚いている。

「レイキの流れがわかるのですか?」

「ハア……」

初心者の場合、まず波動そのものを感じることが難しいらしい。しかし私はその後も波動を感じ続けることができた。

一人の参加者に横になってもらい、全員で頭から足先まで各パートにレイキを送る実践にも参加した。太田さんが頭から流すレイキの波動の波も感じるし、流れる方向が自然に変化していくのもわかった。妻からも一人前にかなりの熱と波動が出ている。私は膝のあたりを担当していたのだが、膝の前面、その次に後面と、自然に変化していく太田さんのレイキを感じるし、自分の肘あたりまでその波動が昇ってくるのも感じる。

太田さんにはたいそう感心されたが、私はコントロールの方法が知りたいのだ。

私は太田さんに尋ねた。

「私のようにすでにレイキが出ている場合は、どの段階から学べばいいでしょうか？」

太田さんから意外な答えが返ってきた。

「あなたからはすでにかなり強い波動が出ています。それでも受講されますか？」

私は驚いた。私の「レイキ」はこの一ヵ月以内に突然出だしたもので、レイキの詳細も知らないし、まだまだ弱いと思っていたのだ。

しかし、「かなり強い波動が出ている」と、太田さんは言う。

ただ、後に妻のほうがレイキのセミナーを受けたいと言い出し、本人に急いでアセンションをしてもらう必要性を私も感じていたので、セミナーの受講を今回は妻に譲ることにした。

## ダライ・ラマのレイキ

終了後に行った喫茶店で、太田さんは私に、

「鈴木さんのレイキは少し粗《あら》めです。それがいいとか悪いとかではないのですが、経験を積まれると、このように微細なレイキも出すことができるようになります。そのほうが深部に届きやすいのです」

と言い、

「試しにダライ・ラマのレイキを感じてみてください」

と、私の手のひらにダライ・ラマのレイキを感じさせてくれた。

いったい全体、この太田さんという方は何者なのだろう？　ヒョイと天を仰ぐと、すぐに手のひらにダライ・ラマのレイキが降りてきたようで、その波動を送ってくれたのだが、そのレイキはビロードのようにもの凄く微細で、ほとんど空気と区別できない程のきめ細かさだった。

さらに話をしていると、会ったこともないはずの娘のオーラの状態や、飼い犬が痛めている骨格のポイント、はては私宛のＰＣメールの波動の内容まで、太田さんの口から思い当たる話がポンポンと出てきて私と妻は仰天した。

これもレイキなのか？　まったく凄い人と知り合いになったものである。

# レイキとDNAの関係を知る

この時の雑談で、自分たちはまったくの初心者であることを再確認した。レイキで使う「シンボル」という概念も知らなければ、京都の鞍馬山《くらまやま》がレイキ発祥の地であり、日本有数のパワースポットであることも知らなかったのだ。

その後、本を買って学んだのだが、レイキ初心者の場合は、手の使い方などの形から入るのが普通のようなのだが、さらにステップアップしてレイキを究めるには、ハイアーセルフ等の高次元の存在と繋がり、瞑想で自己を高めて覚醒することが大切とあった。

つまり、私の場合は逆ルートから入っていったことになるのだろう。瞑想を通じて自己の本質を体験し、ハイアーセルフとチャネリングが始まるなど、いきなり本質的な部分を経験したので、形を知らないままにレイキが出るようになったのだろうと思う。

すべての人間は手のひらからなんらかのエネルギーが出るようになっているのだろうか?

ハイアーさんに聞いてみると、

「あらかじめDNAにプログラムされてある」

と言う。

「あなた達のＤＮＡの解明はまだ始まったばかりで、まだまだ研究すべき課題は残されている。意味を持たないＤＮＡなど存在しない」

「ゲノム[*1]解析の結果にあなた達は驚いただろうが、多角的なアプローチが必要なのだ。封印されているという事実をもっと追求するように」

「潜在意識もＤＮＡに書き込まれている。転生のすべてを知ることもできる」

「何かのきっかけで表出するようにプログラムされたＤＮＡもあれば、未記入のハードディスクのように、後天的な書き込みを待つＤＮＡもある」

「このエネルギー回路の場合は、ＤＮＡとＲＮＡ[*2]の関係のように、送信側の情報をそのままコピーしてしまう種類に分類される」

「レイキ」と一口に言ってもいろいろと種類があるらしく、教えを受ける側の弟子はその人本来のエネルギーしか出せないはずなのに、「伝授」する側のマスターによって弟子の会得するレイキも違ってくるらしい。まさにＤＮＡとＲＮＡ的である。

太田さんは「最初はマスターから教えてもらったレイキしか出せないが、修行を積めばそれ以外のレイキも出せるようになります」と言う。

ここで一つ疑問が出てきた。

それではいったい、私は誰から「伝授」を受けたというのだろう……？

もちろん答えが出るはずもない。

## 真の非暴力とは

就寝前、レイキのせいか、頭がのぼせたような感じだったので「お坊様」に相談してみた。お坊様は、「お前はすでに周りの人を幸せにする光を出している」と言う。

「光だけでそんなことができるのですか？」

「光はエネルギーだ。わかるな？　コミュニケーションというものはエネルギーレベルでの交流なのだ」

「子供や動物を叱る時でも決して暴力を振るってはならん。お前は以前暴力を振るったことがあるが、相手に大きなトラウマを与えてしまっている。手のひらから出る力をあなどってはいけない」

「しかし、幼い子供には躾《しつけ》のためにお尻をたたくぐらいは必要かと思いますが」

「たとえ言葉が理解できなくてもよい。相手のスピリッツに話し掛けるのだ。そうすれば自然に理解していくものだ。目に見える幼子《おさなご》の肉体だけが本人のすべてではないのだ」

「子育て」がきれいごとばかりではないことは、多くの大人が納得するところだろう。

私の実感として、幼子はとにかく水気をよく出す。よだれ、鼻汁、おしっこ、涙……。

食べ散らかすし、すぐに泣く、抱っこしてもそっくり返る……。

可愛いからこそなんとか辛抱できるが、二四時間三六五日面倒を見るのは結構つらい。

これはほとんどの親としての本音ではないかと思う。しかし、そのストレスに耐え、愛情を子供に注いでいるのであり、これは凄いことだと思う。

この経験がさらに人間を成長させるのだ。

しかし、最近、この忍耐がすぐに限界点に達してしまっている親が多すぎる。この理由は簡単である。「親自身の精神」が育っていないのだ。要するに「親になる資格」がないのに安易に子供を産み、虐待や放任に走っている。つまり「親の親」にも責任の一端がある。「子育て」という機会は、人が成長するためのエクササイズの一種である。

より深い愛情が自分の内面から湧きあがってくることにより、さらに人間としての深みが増していくのだ。

暴力を振るうことを「躾」と称するのは、楽をしたい自分への言い訳にすぎない。

## 死刑と反死刑について

最近は「虐待」どころか、子供の命までをも奪ってしまう事件が多発しており、多くの人と同様に私も心を痛めている。

「子供を殺すようなとんでもない奴はさっさと死刑にしてしまえばいい」

私は本気でそう思っていたし、そんなとんでもない奴に税金で飯を食わせることすら腹が立っていた。

しかしハイアーさんにこう言われて、今では目が覚めた。

「残虐に人を殺す者に対し、死刑派と反死刑派の論争がある。本人が罪の意識を持たないままに『死刑』にしても意味がないのだ。被害者の家族は癒されないし、本人のアセンションにも繋がらない」

「本人を捕らえ、鏡のある独房に入れ、二度と外に出さないようにしなさい。己の犯した罪に恐れおののき、深いカルマを自覚させ、死ぬまで自分と向き合わさせなさい」

「死刑派のお前に言いたい。そんなに犯人を殺したいのならあなたのその手で殺しなさい」

「殺すことを人任せにしておいて、いい加減な理屈を振り回すべきではない」

「もし、殺すことに躊躇《ちゅうちょ》する自分がいるのであれば、それがあなたの『神性』である。直感を信じなさい」

「あなた方の言う『神』は人間に人を殺す権利を与えてはいないのだ」

「反死刑派の人に言いたい。人間の犯した罪を決して軽減してはいけない。安っぽいヒューマニズムの自分に酔うべきではない。罪の自覚が薄い者を軽々しく擁護すべきではない」

「『死』よりもつらい罰を与えなさい」

「目からウロコ」とはこのことか……。

私は「憎しみ」に囚われて真の自分を見失っていたのだ。

## ヘミシンクなしで瞑想する

翌日からまた、うわべだけは平凡な日々が始まるのだが、この頃になってくると私はハイアーさんの教えに従いヘミシンクなしで瞑想することも時々するようになった。通常の意識状態で交信するためにはこういう訓練をしないといけないのだそうだ。

考えてみれば、自力で瞑想するということは当たり前のことだ。逆にヘミシンクのようなテクノロジーを使って瞑想することに批判的な人もいるだろう。

ただ、私にとっては非常に大きなきっかけになったし、ヘミシンク・ワークを受けなければ恐らく一生目覚めることはなかっただろう。

また、フォーカス10やフォーカス12を経験済みなので、比較的楽に瞑想の世界に入り込むことができるのも事実だ。しかしフォーカス15以上になってくるとさすがにヘミシンクなしでは未だに到達できない。

このことが関係するのか、ビジョンの見方が変わってきた。顕在意識下でも、集中力がフッと切れた時になにやらビジョンが見えたりするようになってきたのだ。ヘミシンク中やヘミシンクを使わない瞑想状態、寝起きのボーッとした状態でも今までのようになんのことやらわからない意味不明なビジョンは相変わらず見るのだが、深淵なことを考えている時にはそれなりに意味深いビジョンが見えることが多くなってきている。

この頃見たビジョンにこういうものがある。

これはあとの体験を裏づける目的で、ハイアーさんが事前に私に見せたようだ。

……中国風の住居裏の土庭で遊ぶ子供達。自分も子供の視線でそこにいる……。
……「新しい回路を開いてください」というメッセージ……。

## 新しい回路は開いた

「回路」に関してのメッセージだが、仕事帰りの車中で試しに、「私の全脳神経細胞よ、新しい回路を開きなさい」と言ってみたら、えらいことになった。

言い終わるや否や、額のあたりがムズムズし始め、こめかみも揉まれ出した。そのうちトランス状態にもなりそうになり、危ないことこの上ない。

すぐに、「家に帰るまで待つように!!」と言うと収まったが、ガレージに車を入れると即座に再開された。覚醒意識下でこんなにハッキリとこめかみを揉まれるのは初めてだ。家に入るとこの感覚が消えそうな気がしたので一〇分ぐらい車の中にいて半トランス状態でいたのだが、いつまでも終わらない。そのうち近所の奥さんや、犬の散歩をする人が車の前を行き来し始めた。

早く終わってほしいのだが、なかなか終わらない。居心地が悪いことこの上ない。
「鈴木さんのご主人って、気持ち悪いのよ～」という噂が立つ前に家の中に入った。

寝室でヘミシンクなしの状態で仰向けになった。

しかし今回は変性意識下での体験というよりは、脳を触られている感触が強く、額とこめかみ以外に側頭部にも電気が走るようなビリビリした感覚がある。

新しい回路が開かれた実感はないのだが、そのうちにこの感触は収まってきた。

最近はこういったからだで感じる種類の体験が多くなってきた。

## 高次元の「専門家」の存在

この頃に体験したヘミシンクなしの瞑想でこんなこともあった。

夕食後、リビングでくつろいでいると何故か首の後ろがムズムズするので、これは何かが入りたがっているなと直感し、二階に上がって瞑想を始めた。

一〇分ほどで自分の寝息を感じリラックス状態に入ったら、予想どおり何かが体内に入ってきて、くまなくからだの中を調べ始めた。エネルギーがじわじわと体内を移動していくのだ。右肩から下がりだして右腕、右足、今度は左に移っていく。

「誰？　ハイアーさん？」

聞いてみると答えがあった。

「違う」

「？」

「専門家だ。それぞれ得意分野がある」

「右足首に軽いカルマ」

どうやら、気の流れの障害となるブロックを探し出す専門家のようだ。

高次元の世界にも専門医のような存在がいることに驚いた。

「そのカルマは追体験できるものですか？」

「微細なものだ。必要ない」

その内、わたしの副鼻腔を内側からしきりに触りだした。鼻の通りがよくなってスーッとする。第三の目に関係するのだろうか？

これには後日談がある。二回目のレイキ交流会で「レイキ当たり」という、湯当たりのような感じの「のぼせ感」を感じたので、太田さんにエネルギーを降ろしてもらっていたところ、太田さんがしきりに首を傾げる。

「おかしいですね。簡単に降りると思っていたのに、『右足首に何かがしがみついて』います。私には『悲しみ』のように感じるのですが何かはわかりません」

その時点ではボーッとしていて気がつかなかったが、あとで思い出してさすがに驚いた。

後日、同じような「専門家」を再度経験した。

　今度は左足から入ってくるのを感じた。ゆっくりと上半身に移動し、左胸のあたりまでやってくると、「トントン、トントン」と、まるで医者の触診そっくりのリズムで二回ずつ胸板を左から右へとくまなく軽く叩いてゆく。心臓の心拍とは明らかに違うリズムなので勘違いということはない。こんな触覚は初めてだ。

なにをしているかよくはわからないのだが、頭の中でストッキングのような薄い膜が引き延ばされながら徐々に破れていくイメージが見えた。胸のチャクラを覆う薄い膜のようなものがあるとするならば、それを破っているような気がする。

都合八〇回ぐらいはトントンされたと思う。二〇～三〇分と、えらく長い間気長に左胸から右胸にかけてトントンと移動していき、胸の表面と中が激しくスースーしだした。表現しがたいが、筋肉等の抵抗感すら消えていって胸がさらに開いていく感じがする。

何をしているのか質問すればよかったのだが、ハイアーさんの意図だろうから安心はしていた。それよりも私は胸板すべてが終わるまでに家族が部屋に入ってきてこのトントンが中止になってしまうのではないかと、そればかりが気になっていた。こんなことが気になっているのに、よくまあ瞑想状態が保てるものである。

この経験も終わってしまえば、胸のチャクラがさらに開いたという実感が湧いてこない。しかし、社会に出ていろいろなストレスにさらされるとチャクラというものは閉じ気味になってしまうらしいので、この状態をキープできるように心がけたいと思う。

## 新たなチャネリング・メッセージ

数日後、かねてより依頼していた新しいチャネリング結果が仙果から送られてきた。

●自分自身に正直でいてください。あなたの心が本当に望んでいることをしてください。その情熱を恐れないでください。心から本当にやりたいことを仕事にしてください。新しいビジネスを始めましょう。

●あなたが取り組んでいることは、地球環境をより良くするのに役立っています。

●夢が叶った時のことを思い浮かべるようにしてください。そうすることで、夢の実現が早まります。

●自分自身や他人の内側の「光」を感じてください。また、自分や身近な人の周りを光で包み込むようにイメージすることで、ネガティブなエネルギーから身を守ることが

**できます。**

**●自分自身をいたわる時間を作ってください。リラックスする時間が今、必要です。**

**●友人と会ってください。**

**●あなたの願うことはすべて実現します。恐れないでください。**

**●子供を助ける活動を始めてください。同時に、自分自身のインナーチャイルドを癒すために、もっと遊び、笑い、自由でいるようにしてください。**

すでにこの世界を実感しつつあるので、前回のチャネリング結果とは違い合点のいく内容になっている。

しかし、今まで仙果のチャネリングはことごとく思い当たる出来事に直結してきたが、表現はやさしくても今回はかなり過激な内容が書いてある。つまり、

**●心から本当にやりたいことを仕事にしてください。新しいビジネスを始めましょう。**

の部分である。

本音を言うとこれだけの体験をしておきながら、その経験を生かすことなく今の仕事をこれからも続けること自体に疑問を持ち始めていた。

これは、チャネリングなどのスピリチュアルな体験をした人に多く見られる傾向であり、

決して珍しいことではないのだろうが、独身で気軽な身の上ならばともかく、軽薄な我が身ではあっても一応一家の大黒柱な訳で、そうそう簡単に仕事を変える訳にはいかない。必要があればきっとシンクロニシティが起こるだろう。文字どおり「運を天に」まかせよう。

ただ、自分自身のインナーチャイルドというものがよくわからない。

潜在意識下にあるのだから、顕在意識で想像できるものではないのだが、自分の子供時代は普通であり、それなりに両親の愛情も受けている。

癒すべき子供時代の自分がどんな自分なのかがわからない。

自分自身にこんなに激しい変化が訪れているのだから、すでにインナーチャイルドに遭遇していてもいいようなものなのに未だに感じたことがない。

どうアプローチすればいいのだろう?

早速翌日、友香さんに連絡を入れてチャネリングで私の潜在意識を診てもらうように予約を入れた。

自分でも驚くが、この行動の速さは以前の自分にはなかったことだ。やはり自覚はないが変容してきているのだろう。

＊1　ゲノム解析……生物のもつ全ＤＮＡ情報を読み取り明らかにすること。
＊2　ＲＮＡ……リボ核酸・ＤＮＡのもつ遺伝情報を転写、伝達し、蛋白質を合成する。

第7章

# 家族の覚醒

# 真面目な講義

次の日曜日、妻のヒプノセラピーの日がやってきた。

Kさんとはヘミシンク・ワーク以降会っていないし、一連のこの常識を超えた体験になにかサジェッションをもらえるかもしれないと思い、私も一緒に行った。

Kさんのセラピールームは結構広くて、アロマの香りがするさわやかな空間だった。浄化も行き届いており、空気がピシッとしている。

腕がピリピリするこの感覚は先日の太田さんの交流会と同じものだ。私達が部屋に入った途端、当然?ながら例によって、ピシッ、パキッ、とラップ音が鳴りやまない。

普段、社内や仕事先で同僚等と同じ部屋に長時間いることはしょっちゅうあるのだが、ラップ音は鳴ったことがない。

最近は瞑想を始めると鳴り出すことも多くなった。

「ヒプノが始まったらこういう音は結構鳴りますが、最初からというのは珍しいですね」

相変わらずKさんは穏やかに話をする。

以前の私はスピリチュアル系の人というと、目のイッテしまっているような人を連想していたが、今まで出会った人の全員が穏やかな表情をしており、Kさんの目も仏像のように落ち着いている。決してトンデモの部類に入る人ではない。

きっとコンタクトしている相手が高次元の存在だからだろう。

逆に言うと、会ったことがないということは、低次元の存在とコンタクトしているケースは少ないのかもしれない。

Kさんの知識は広く、深層心理やカウンセリングの勉強もかなりされているため顕在意識と潜在意識の関係や、幼児期のトラウマと潜在意識など、現在主流とされている学術知識を交えてまるで大学の授業のような講義をしてくれた。

話題がオーラやチャクラになった時、Kさんは一枚の写真を見せてくれた。それはKさんのオーラを撮った写真で、上半身が白と紫の光で覆われている。

この色にはなんの意味があるのだろう？　Kさんによると、こんな写真を撮る機械というものがあるらしい。

オーラが見えるという話はよく聞くが、自分で見たことは未だにないのでぜひ見てみたいと言うと、なんとこの近くにその機械を置いてある店があると言う。

面白そうなので妻がヒプノセラピーを受けている間、私はその店に行くことにした。

## 私のチャクラ写真

目指す店は近所のショッピングモールの中にあり、店の一角にはＰＣに接続されたカメラが設置してあった。メニューを見るとオーラだけではなく、チャクラの写真も撮れるらしい。私はチャクラとオーラの両方を撮ってもらうコースに申し込んだ。

センサーに手を当てると、モニターに映ったオーラが揺れ動き、色も結構変化する。店のスタッフと話をしている間も色は変化し続け、「落ち着くまでしばらく時間がかかります」と言われる。

オーラの色がこんなに変化するとは思っていなかった。これではどの色がその人特有のものなのか同定できないのではないかと思ったが、徐々に頭上が緑、両脇が黄色とオレンジ色に安定してきた。

この時に写真が撮られたらしく、結果がプリントアウトされてきた。

早く見たいのに、スタッフのお姉さんはプリントアウトされた写真を何故かしげしげと見ている。

「あのー、お客さんはどういうお仕事をされているんですか?」

「サラリーマンですけど……」

二〇枚以上あるレポートの表紙にある私のチャクラ写真を示しながら彼女は言った。

「……こんな写真は初めてです」

「?」

「チャクラは普通、こんなにキレイに揃わないんです。ほとんどの場合、七つのチャクラのどれかが小さく角張っていたり、大きすぎたりと、不揃いになるものなんです。お客さんの場合はすべてが円形で、しかも大きさも統一されています。リラックスレベルも一一五もあります」

「いいことなんですか?」

「チャクラが統一されているということは、気の流れに澱《よど》みが無いということで、大きさよりも、統一感が大事なんです」

「大きさはどれぐらいなんですか?」

「上から下まで、七〇~八〇パーセントに揃っています。こんなことは私が知っている限り、開業以来初めてです」

少し怪しい科学ではあるが、自分の体験が初めて科学的に裏付けされたような安堵感《あんどかん》があるにはある。

しかし、お姉さんに乗せられているような気もして、ホステスさんのカモにされているオヤジのような気がしないでもない。

オーラに関しては解説が大量にあるのだが、大きさは九〇パーセントで、頭上がグリーン、左に黄色とオレンジ、右にオレンジイエロー、ハートにオレンジという結果で、それぞれが社交性、行動力、クリエイティブ、エネルギーの表出を表しているらしい。

Kさんのような高次元の白色が出なかったのが少し残念だ。

他にも詳しく説明してくれて、左半身のほうがエネルギーレベルが高いとか、風変わりな趣味に走るとか、当たっていることも多々あるのだが占いと同じで希望的観測がそう感じさせる部分も否定できないとも思った。つくづく自分は夢のない人間だと思う。

帰宅後にインターネットでも調べてみたが、結果ばかりが強調されており、何故そんな写真が撮れるのか、その原理の部分がさらに詳しく説明されたサイトに行き当たらない。

多くのサイトは当然ながら肯定的だし、スピリチュアル系の人でもハード面にはあまり言及せずに結果ばかりに囚われているふしがある。

自分としては完全に信用するにはデータ不足でなんとも言えない。関連本もあるのだが、ハード面を完全には公開していないようで、さらなる科学的裏付けが必要かと思う。

しかし、オーラを見る能力がある人は総じて「当たっている」というので少なくとも否定はしていない。

## 異様なセラピー結果

Kさんのセラピールームに戻ると、ちょうどセラピーが終わったところだった。

妻は意外とショックを受けてはいない。

しかし、そのセラピー内容は異常なものだった。彼女は前世を見るという選択をしたのだが、通常であればKさんの誘導により、どこか前世の時空にいる自分を感じるようなものなのに、何故か妻の場合はその前世の世界を通り越して、もっと深い次元に行ってしまったようなのだ。

それは転生と転生の間、いわゆる「中間生」という世界だろうか?

そのうち彼女はおかしな行動をとり始めた。唇だけを動かし、小声で誰かとぶつぶつ話を始めたのだ。

小声すぎてKさんは内容を聞き取れなかったらしい。しかしこのことを本人はまったく覚えておらず、誰としゃべっていたのか、どんな内容だったのか、何語でしゃべっていたのか、未だに不明であり、なんだか気味が悪い。

Kさんは言った。

「前世の次元を通り越して、もっと深いところにいってしまったようです」

その後、妻は太田さんからレイキのレッスンを受けることになるのだが、長時間の講義やレイキのやりとりをした後、太田さんからも奇妙なことを指摘されている。

「奥さんは今回の転生以前、かなりの期間『生まれる』という選択をしなかったようです」

前世自体が未だに科学的に証明された世界ではないので、スピリチュアルな世界の人達の説を基に推測するしかないのだが、通常の概念としての前世は私も体験したとおり、自分のたくさんある転生のうち、経験済みのどれかを指すのだろう。

転生と転生の間については、次の人生についてのプランニングをする中間生という時期であると聞いている。

「中間生に行くということは、根底から変わっていく可能性もあります」

Kさんは豊富な経験からそう言った。

妻は「中間生」に戻ってなにかを再確認してきたのだろうか?　それともなにか「変更」

すべきことがあったのだろうか？

そしてその後、Kさんの言うとおり、妻は変わり始めた。

## 始まった妻の変化

妻がヘミシンクを聞き出した頃は、若い頃に痛めた左足首あたりを「ギューッ」と押されたり、胸のチャクラを押されたりといったような、どちらかというと一般的な感覚が体験のほとんどだった。

しかし、今回のヒプノセラピー前後からヘミシンク中に「緑色の光」や「白、薄紫の光」が見えるようになってきた。時間と共に「光」はよりハッキリとした輪郭をもちだし、薔薇色や黄色も加わって、場合によっては金色や銀色の球も出てくるようになっている。

それはまさに「視神経を通じて見ている」感覚らしいが、私はこの「視神経を通じて見る」という感覚は未だに体験したことがない。

その度合いは日々激しくなっていき、覚醒時、レイキ等のエネルギーを感じた場合などにも「光」が見えだした。

さらに私の体験した幾何学模様をより立体的に感じ始めるようになり、ヘミシンク中に目の前で立体的な幾何学モデルがずっと浮かんでいたりする経験も出てきた。

そして太田さんからレイキの伝授を受ける頃にはレイキを出している自分の手が真っ白に光ったり、レイキをかざしている対象（主に私）のからだがなんとレントゲン写真のように一瞬「透けて」見えるようにもなってきた。（私の心だけは「透けて」見えないように切に願いたいものだ……）

妻がレイキを出している時の波動も強いものに成長してきており、しかもその波動の振動数が変化することもある。

対象に当てた手のひらから出る波動が最初はゆっくりと、その後徐々に速度が上がっていくのを私も感じ取った。まるでマッサージ機のような感じで、こういう出し方はあまり例がないらしく、もちろん本人が意識的にコントロールしている訳ではない。

しかし、困ったことも起こってきた。

妻の出す波動が強いのか、私が敏感なのかはよくわからないのだが、同じ屋根の下で彼女が自己ヒーリングを始めると、波動を感じすぎて私の体も同時に強制的にヒーリングされてしまい、原稿を書いているときなどは極端に筆の進み具合が遅くなり、一人で『ウー』とか『フー』とか、声が出てしまう。違う部屋にいるのに、「今始めた」とか、「休憩に入った」とか、どこに手をかざしているのかまでもがわかるのである。

## 変性意識下での主導権

今回の妻の体験で、私には新たな疑問が生まれてきた。

彼女のハイアーセルフは「奇跡」を起こしてまで、ヒプノセラピーを受けるように彼女を導いてきた。

そしてその結果、本人が「前世を見る」という選択をしたにもかかわらず、中間生に彼女は飛ばされてしまい、自分でも覚えていない「なにか」を体験してしまっている。

つまりこういう仮説が成り立つのではないだろうか？

変性意識下での体験について、私は最初、「こちら側」が主導権を握っていると思っていた。

しかし、最近はご存知のとおり「あちら側」にそれが移りつつある。

そして今回の妻の体験の場合、いきなり最初から主導権は「あちら側」にあった。

つまり、我々の体験の主導権は、はなから本人のスピリッツが握っており、我々は無自覚のままにそのレールの上を走っているだけなのではないだろうか？

ひょっとすると、顕在意識下であっても、「本」を選んだり、「ワーク」を選んだり……。

私が書いたこの本を、あなたが今読んでいること自体、本当に単なる偶然なのだろうか？

## 長女のアセンションも始まる

実は変化が始まったのは妻だけではなかった。

この変化の過程自体は簡単には再現できないことなので検証しづらいのだが、家族の中でたった一人でも「目覚め」が始まり出すと、どうやらそれは「伝染」していくようである。

つまり、仙果と食事をしただけで私の胸のチャクラに変化が始まったように、同じ屋根を共にする家族であればこそ、なんらかの刺激を連日受けることになり、本人の埋もれていた能力が表面化しやすくなってくるようなのだ。

ここで長女の変化についても触れておきたい。

妻のヘミシンクと相前後して長女も「ゲートウェイ・エクスペリエンス」を聴き出したのだが、彼女の場合は聴き出す前からすでに変化が起こっていた。

その変化は視覚体験から始まりだした。

私とハイアーさんの交信が始まってしばらくしたあと、受け取った知識を興奮気味に長女に説明したことがある。彼女は驚いた表情でじっと私を見ていた。

当然、父親が突然トンデモさんになったので、うろたえているのだろうと思っていたが、彼女は思いがけずこう言った。

「お父さん、からだが光ってる!!」

「え?」

「だから、頭から足先まで、黄色く光ってる!!」

長女によると、私のからだから約五センチの縁取りで「かき氷にかけるレモン」のような黄色い光が見えたという。

その「縁取り」はまったく私に同調して動くという訳でもなく、左右に私のからだが揺れると、ほんの少し遅れてついてくるという。

試しに額のチャクラに念を込めて、再度光を意識してみたが、やはり見えると言う。しかし今度は肩のあたりから出ているだけで、先ほどのように大げさには出てこない。

後日わかったことだが、この光は誰にでも見えるものではなかった。

オーラなのか、ハイアーさんのエネルギーなのか未だによくわからないが、ある程度意識することによりコントロールできるようなのだ。

多分長女はまだヘミシンクを聴いていないのに、すでに覚醒が始まっていたのだ。

もともと敏感だったのが、私の影響を受けてさらに変容されつつあるようだ。

長女がヘミシンクを聴き出してからの体験だが、とんでもない結果が出ている。

「ゲートウェイ・エクスペリエンス」では、瞑想に入るための基礎を第一巻のCDで学んだあと、本格体験ができるCDに進むようになっている。

彼女はこの二巻目のCDを初体験した時から、なんとからだが「水平にぐるぐる高速回転」するのを感じ、「あなたはとても穏やかに〜」というガイダンスに従うどころではなかったらしい。

二回目の経験では自分でも無意識の内に早くも「体外離脱」を体験している。

「無意識の内に」と言ったのは、二階で仰向けになってヘミシンクを聴いていたのに、何故か一階のリビングに立っている自分を感じ、家具のガラスに自分が映っているのが見えたのだそうだ。

自分の口から白い糸のようなもの[*1]（エクトプラズム？）が出ているのまで確認しているので、多分錯覚ではないだろう。

その後、ヘミシンクを聴いていない状況でも、寝ぼけている時に意識的に手の部分だけ体外離脱をしたり、空中にピンクの幾何学模様が急速に広がるのを見たりしている。

実際に完全な体外離脱も何回か体験しているのだが、恐さが先に立ったため、家の外にはまだ出ていない。

しかし見た目は普通だし、普段の生活も若い娘として年相応なのだ。

まったく、こっちの調子が狂ってしまう。

## 私自身にもかなりの変化が

ここで私自身の変化についても触れておかなければならないだろう。

具体的な変化としては、体脂肪が徐々に減りだしてきた。

多分ストレスの緩和により食欲がコントロールされてきたのと、エネルギーの流れがスムーズになってきたのだろうと思う。

また、私はかなりからだが硬いので毎朝柔軟体操をしているのだが、今まで前屈で手先から床までが二二センチもあったのが、約一ヵ月で床まであと三センチ程になってきた。

劇的というほどではないが、血圧等の生活習慣病も検査結果から見ると改善されつつある。

音楽の嗜好も変わり、一般的なロックやポップスにはあまり食指が動かず、ベートーベンなどのクラシック、またはマニアックな前衛傾向の音楽にしか興味が湧かなくなってきている。

そして対人関係で特に変わってきたのは「感情」である。

おかしな話だが、誰に何を言われても「なんとも」思わなくなってきた。たとえそれが誉め言葉であっても別に嬉しくはないし、人から失礼なことを言われても「なんにも」感じない。

それは自分のエゴを冷静に観察することができるようになってきたことと、それに伴って、他人のエゴも手にとるように観察できるようになってきたためだろう。

自分のことはもちろん、相手の心理からも何故そんな心境になるのかが、潜在的な部分も含めて見えてしまうのだ。

結構、取るに足らない単純な動機が核をなしている場合が多く、我々はその単純な動機に毎日のように振り回されているのだ。

しかし、子供や動物に対しての愛情は自分でもとまどうほど深いものが内側から溢れ出て来る。もちろん子供もエゴを持っているのだが、それは生命感溢れる純粋なエゴであって、人間としての核をなすものであり、大人のそれとはずいぶんと違う。

自然の美しさを感じるときにも、今までの「見る」感覚ではなく、自然がもつ生命感そのものが私のからだの中を通過していく至高感を感じる。

こう書くと、自分が思慮深く、社内で静かにしているように思われるかもしれないが、全然そんなことはない。以前にも増して冗談を飛ばしまくり、周りを巻き込んで常に楽しい気分で笑っていられる。

真面目にスピリチュアルな話をしたい気持ちはあるのだが、そういうことに興味を持つ人が仕事上の身の回りにはまったくいない。

だから隠すつもりはないのだが、信じてもらえないのはわかっているし、変人扱いされるのも面倒なので一連の体験についてまったく話はしなかった。

周りからはおそらく「おかしなオヤジ」にしか見えていないだろう。

## 仕事上の変化

仕事の上での変化としては、信じられないようなシンクロニシティが頻繁に起こるようになってきた。

仕事が深夜に及びそうになり、原稿を書く暇がなくなってくると、相手のスケジュールがことごとく私の都合に合うように自然に変更されたり、高次元の世界について多くの人に伝えたいと就寝前に願えば、翌日には全社会議でのプレゼンを指名されたりした。（もっとも、仕事上のプレゼンに変なことは挟めないので、瞑想の効用について一枚だけスラ

イドを入れたらそれが結構好評だった）
給料が上がるとかいう個人的な利益には何の結びつきもないし別に望みもしないのだが、どうやらそれが社会全体と関わりのあることであればシンクロニシティが起こりやすくなってしまうようなのだ。
これは誰にでも言えることなのだが、「自分がポジティブであれば必ず自己実現できる」という事実がハッキリと見えているので、「恐怖」というものもないし、「焦る」ということもない。
「己の敵は己自身の中にある……」という訳だ。

## 末娘の変化

最後に末娘に関してであるが、彼女はまったくヘミシンクを聴いていない。

その理由は、この年頃の娘として、当然と言えば当然の反応をしているからである。

つまり家族の変性意識体験を目のあたりにすることで、ヘミシンクを聴くことに恐れをなしてしまっているのだ。

それに彼女は受験前ということもあり、逆に熱中されてもいけないのでそっとしておくのが一番かと思い、強制するということはまったくしていない。

ただ、私にとって一番嬉しい変化の兆しが見え始めた。

あの日以来、冷たい氷が溶け出すかのごとく、彼女は家族に対して徐々に心を開き始めだしたのだ。

先日、私と二人で家にいた時に彼女は私のためにスパゲッティを作ってくれた。

「アルデンテ」とはほど遠い、「焼きうどん」のような茹《ゆ》であがりではあったが、今まで食べたどのスパゲッティよりも私にはおいしく感じられた。

「おいしいよ!!」

……娘は少し微笑んだ。

## 「容れ物」になってはいけない

この本を今まで読んでこられて、「信じられない」と言う人は別として、自分もヘミシンクを聴いてみたいと思っている人も多いだろうと思う。

ここで念のために付け加えさせていただきたいのだが、CDを聴いても何も感じない人もいるし、ワークの間、なにも起こらなかった人も少数ではあるがいた。

つまり、もれなく全員が変性意識を体験できるというものではない。聴く人によって、なぜこのような差が出てくるのか、私には分からない。ひょっとすると、想像力とか、チャクラとかが関係しているのかもしれない。また、理解されているとは思うが、体外離脱やリモートビューイングなど、ヘミシンクというと、どうしても超能力的なものに関心が向きがちになってしまうが、瞑想によって得られるものは実はもっと奥深いものである。

変性意識を突き詰めていくと、物理学と哲学の融合点……。「宇宙の真理」に触れることさえ可能ではないかと私は思っている。あまり表層的なものに一喜一憂する必要は全然無いと思うのだ。

それから、実際にチャネリングが始まった場合の注意点だが、とにかく自分のエゴに振り回されないことが大切だと思う。チャネリングによって得る知識は「あなたが凄い」のではなくて、「入ってきた知識が凄い」のだ。

意識をよほどしっかり持っておかないと、人によっては自分のエゴをコントロールできずに「我は神なり」状態にハマることもあり得るだろう。チャネリングはあくまでも通過点であり、ワンネスとの一体化こそが最終目的なのだ。

ハイアーさんもこう言う。

「ハイアーセルフとて、もちろん神ではない。ましてや肉体を持った人間が『神』になることなど絶対にない。あなた達の言う『神』という概念はハイアーセルフのさらにもっと奥、もはやすべての意識と融合した宇宙意識そのものである。もし自らを『神』と名乗る者がいたら、絶対に信用してはならない。肉体をもてるはずがないのだ」

「肉体をもった人間にあり得るのは、高次な存在とのコンタクトを通じてその情報を伝える媒体になることに過ぎず、その『媒体』にあなた達がひれ伏す必要はまったくない。そしてその媒体を通じての情報すら軽々しく鵜《う》呑《の》みにしていけない。私もそうだが、情報を間違うこともあれば、高次な存在を名乗る偽者に騙されることもあり得るのだ」

「繰り返すが、あなたは『容れ物』になってはいけない。心が伴っていなくても数冊の本を読むだけで人を感動させる言葉を紡ぎ出すのは誰にでもできることなのだ」

「たとえそれが正しくチャネリングされて得た知識であっても、『容れ物』になってしまった人間は、本来自分の本質で満たすべき『中身』の部分に『他人の教え』を入れてしまっているのであり、そこに自己の真実はない」

「そこには『他人の教え』を賛美する『容れ物』としての自己が存在するだけで、本人自身の中身はまったく充実していないのだ。『他人の教え』は単なる『知識』として認識すべきものである」

「他人から得た『知識』で中身を満たすことはやめて自分自身で中身を満たしなさい。『内なる声』を聴きなさい。あなた自身の閃きや直感を信じなさい。あなたの『生』を、自分の中に取り戻しなさい」

「あなた達にとっての教えはあなた達の中、あなたのワンネスにある。自分自身の『真の内なる声』のみを信じればよい。それがあなたにとっての真実である」

＊1　エクトプラズム……霊能者の口や鼻から出る、白い、または半透明のスライム状の半物質。

# 第8章

# インナーチャイルド

## 潜在意識に蓋をして

数日後、私は友香さんのチャネリングを受けに行った。チャネラーがチャネリングを受けるというのもおかしな話かもしれないが、自分の潜在意識を自分で扱うというのにはどうしても限界がある。まず見たくないものに対して潜在意識は蓋をしてしまい、顕在意識の私が潜在意識の中を探検しても自分で自分を誤魔化してしまうのだ。

もちろんチャネリングやヒプノセラピーを受けると必ず見えるということもないのだろうが、少なくとも無意識に避けようとする問題に対して施術者は第三者として介入できる訳であり、その問題を発見し、正面から向き合わせてくれる可能性はある。

そして私には「潜在意識の蓋」を実感していることがある。

それは「娘の顔」である。私は未だに前世で亡くした娘の顔を思い出すことができず、綺麗に結われた髪しか思い出せないでいるのだ。

つまり死んでしまったつらさには耐えられたが、娘の顔を見るのはつらすぎると判断して潜在意識が蓋をしたままになっているのだ。

見たい気もするし、見たくない気もする。この問題にはいつも感情的になって混乱してしまう自分がいる。自分で自分がわからないのだ。

……ひょっとしたら今日、「娘の顔」を見ることになるのかもしれない……。

激しい悲しみがまた襲ってくる可能性はある。しかし心の底ではいつの日か娘の顔を思い出すことをやはり私は切望している。

私が死なせてしまった最愛の娘……。転生を通じ、魂としての私の深い悲しみ……。

しかしこの日、私はさらに自分の心の闇に入り込み、自分自身で避けてきた「見たくない過去」にまたも直面させられることになるのだった。

## 私の中の自己欺瞞

友香さんとは久しぶりだったので、近況も含めてその後の体験を話した。

話が進むうちに、私のカルマの話題になった。

実は友香さんは、私がヘミシンク中に娘の死を悟って悲しみを爆発させた時、同じくヘミシンク中であるにもかかわらず、それに感応して大泣きしてくれていたのだ。

その時点ではなぜ悲しくなったのか自分でもよくわからずにいたらしいのだが、あとで私の話を聞いて私に感応していたことに気がついたのだという。

つまり、私の悲しみを言葉を超えた実感としてよく知ってくれている人なのだ。

しかし「娘の顔が見たい」と、私は告白できずにいた。やはり躊躇してしまうのだ。

今回、そのカルマに関して友香さんは思いもかけないことを切り出してきた。

友香さんは日頃はやさしい、ごく普通の情感を持った人である。しかし、やはりプロは違う。チャネリングの対象者にとってプラスになることであればきっちりと言ってくれる。

普通の友人関係であれば言いにくいことでも、ズバリと気づきを与えてくれるのだ。

友香さんは、亡くした娘が原因で私が願っている「子供達を救いたい」という感情にたいして非常にシビアな事実、つまり「私の中の自己欺瞞」を指摘してきた。

「鈴木さんの『子供達を救いたい』という願望は、どなたからも賛成の得られる話だと思います。しかし、あなたは気がついた上でおっしゃっていますか?」

「気がつくって、何についてですか?」

「あなたは自分の個人的な問題の解消行為に他人を引き込もうとしているのです。そして潜在意識ではそのことをわかっているはずです」

「!!」

「誰も他人のカルマに手を出してはいけません。お互いの行為を尊重しなければいけないのです。すべてを自分が背負い、自分の力で乗り越えないといけないのです」

「……そんな感情が……言われてみれば、そうかもしれない」

彼女の言うとおりだ。「子供達を救う」この言葉の前に反論する人はいないだろう。

この言葉を大義名分として他人に行為を強制してはいけないし、場合によっては他人のカルマ、つまり「乗り越えようとしている困難」に手を出してしまう可能性もある。

「うん……たしかにそうですね。心の奥深くでは、他人を巻き込むことを望んでいたのかもしれない……」

いろいろな教義にも書かれてあるように、カルマを刈り取ることが転生の大きな目的であるのなら、自分自身が正面から向き合わないといけない。

救う側にしろ、救われる側にしろ、他人のカルマに手を出す前に一度踏みとどまるべき冷静さは必要だろう。自分のカルマを他人にまで押しつけて解消しようとするのは、たしかにやってはいけない行為だと思う。

……しかし、なんなのだろう、この気持ちは？

何故か釈然としないものを私は感じるのだ。

それでは「虐待」や「病気」など、「困難」に直面している人を見て我々が「救いたい」と思う「直感」はどうなのだろう？　矛盾にはならないのだろうか？

## 過去生での虐待体験

私の混乱を呼び戻すように、さらに友香さんは衝撃的なことを指摘してきた。

もうすでにチャネリングが始まっている……。

「この『子供達を救いたい』という感情についてですが、これほど強く願う感情の裏にはさらに大きな心理的ブロックがあなたの潜在意識の中に隠されています。前世の娘さんの件だけでこの感情が形成されている訳ではないようです」

「他にもなにか『つらいこと』があると言うのですか？」

「そうです。つらいことかもしれませんが、言ってもいいですか……？」

私はためらった。

しかし逃げていて解消できる問題でないことは、私が一番よく知っている……。

「いいえ、今言ってください。大丈夫です。……多分……」

彼女は私の目をじっと見た……。受け止められるかどうか判断しているようだ。

沈黙が流れた。

「それでは言いますね……。鈴木さんは、過去生で虐待を受けた経験があるようです」

「!!」

私は心底驚いた。友香さんは何か間違っているのではないだろうか？

「虐待……ですか？　一度も感じたことはありませんが？」

今生での私はもちろん、前世でそんなことがあったら今の自分になんらかの兆候があると思うのだが、そういうことを感じたことは一度もない。

友香さんは話を続ける。

「そのこともあって、『子供を救いたい』という願望が生まれています。自分と正面から向き合う勇気が必要です」

友香さんのやわらかい波動が私を包み込み始めたのを感じる。

私は仙果からのチャネリング・メッセージを思い出していた。

**●自分自身のインナーチャイルドを癒すために、もっと遊び、笑い、自由でいるようにしてください。**

この癒すべき「インナーチャイルド」が自分にはよくわかっていなかった。前世や来世も含めてのすべてが自分自身であるのなら、そういうことはあるのかもしれない。

「ヒプノセラピーに切り替えましょう。潜在意識のブロックと向かい合いましょう」

## ついにヒプノセラピーを受ける

半信半疑ではあったが、私は同意した。

「セッションをする前に、なにかご質問はありますか？」

「また泣いてしまうかもしれないのが格好悪いです」

「泣く人は多いです。もしも泣けてきたとしても、抑えなくてもいいんです。泣くことは感情の解放になりますし、心を軽くするためにはいいことなんですよ……」

リラクゼーションチェアーに横になり、部屋を暗くしてもらった。

瞑想用の音楽が静かに流れる。ゆったりとした笛の音……。

「こんな曲を作るのもいいな……」

関係ないことなのに「いい音楽」には反応してしまう。

そのうち友香さんの波動が強くなってきた。

「波動を感じます。ふんわりしてますね」

「そういうことを言われるのは初めてです。鈴木さんは敏感になっていますね」

「それでは、あなたの一番好きな場所に行きましょうね」

彼女の誘導で自分の一番好きな場所を想像した。

昔行った八重山諸島……小浜島の夜の海岸……私は砂浜に寝そべっている。

普段こんなに早く変性意識には入れないのだが、彼女が協力してくれているのを感じる。

やわらかな波動が全身を包み込み、変性意識を維持しやすい状態になっている。

満天の星空……透明感のある闇……とても静かだ……波の音が心地よい……。

「では、私が数字を1から3まで数えると、あなたの目の前に真っ白い大きなスクリーンが現れます。そのスクリーンにはあなたの過去世が映りますよ」

「……（本当に映るのだろうか？）……」

「よろしいですか？　では、数えます。・・・1、・・・2、・・・3!!」

スクリーンにはしばらくなにも映らなかった。本当か？　本当に映るのだろうか？

半信半疑の状態で数十秒が経過した。

そのうちスクリーンに薄いグレーの線がぼんやりと映りだした。これが過去生？

「……薄い線…………四角い……なんだろう……？」

「ゆっくりでいいですよ。ゆっくりと見つめていきましょう……」

線だけのシルエットが次第にハッキリとしてきた。本当に見えてきた!!

「袖？　……服の袖です。……子供の頭……坊主頭も見える……これは私だ……!!」

「服の袖は誰のものですか？」

袖しか見えないのだが、色もハッキリと見えだした。

「……ピンク色？　……黄色い刺繍《ししゅう》がしてある……チャイナドレス？……お母さん？

……お母さんです……」

「あなたは何歳ですか？」

「……三歳です……。お母さん!! ……」

なぜか悲しみが湧きあがってきた。

「……袖を摑んでいる。……ぶたれている⁉　……やめて!!」

「お母さんにぶたれているのですか？」

「……いや、違う……違います……。ぶたれてはいない……」

「……すがっています……袖……すがっています……何故だろう……？」

ぼんやりとした「悲しみ」が輪郭をとりはじめた。「……何故なんだ!!」

「僕は必死です!!　……お母さん!! ……」

「なにが起こっていますか？　あなたはなにを思っていますか？」

思いもかけない言葉が自分の口から出てきた。

「……捨てられる!!」

「……お母さん!!　……お母さん!!……」


一気に悲しみが膨れ上がった。子供の私が泣きじゃくっている。私は捨てられたのか？

そうだ、思い出した!!　私は幼くして捨てられた!!

すでに涙が頬を伝って流れている。

「……お母さん!!　……お母さん!!　……何故なの？　……何故なんだ!!」

「お母さん以外に誰か見えますか？」

質問に答える余裕がなかった。

「……お母さん!!　……お母さん!!……」

必死の形相《ぎょうそう》で袖にすがりつく自分が見える。

三歳の子供ながら、恐ろしいことが自分に起こっているのを直感しているのだ。

私は顔を左右に振り、嗚咽した。格好悪いと思う冷静な自分も見失っていないのだが、どうにもこの悲しみは今の私とシンクロしたままで私を解放してくれない。

「大丈夫ですよ。これはあなたの前世の映像なんです。お母さん以外に誰か見えますか？」

そうだ、これは現世の私ではない……。……少し落ち着いてきた。

「黒いチャイナ服……光沢がある……男の人……お父さんではない……」

「何故お母さんはあなたを捨てようとしているのですか？」

「……僕が邪魔……」

涙がさらに溢れ出した。

「……僕が邪魔なんだ!!　……この男の人……何故？……」

「男の人が関係していますか？」

「……この人と一緒になるのに、『僕が邪魔』なんだ……」

「本当のお父さんは？　見えませんか？」

「見えない。……どうしたんだろう？」

「……今度はもう少し成長した自分を見てみましょうね……。私が数字を1から3まで数えると、画面が切り替わります」

「……では数えますよ。・・1、・・・2、・・・3!!　……何か見えていますか？」

いったんビジョンが消えて新たなシーンが見えてきた。

# 冷たい洞穴のような心

「……二階にいます。……ガラスのない、くりぬいただけの窓……土でできた家……」

「あなたは何をしていますか？」

「……どこだろう？　……窓辺に手を延ばして外を見ています……」

「何歳ぐらいですか？」

「……中学生ぐらい……。でも学校には行っていない……」

「なにが見えますか？」

「……土の庭……放し飼いの鶏がいる……あとは籠とか……」

「家の中には誰もいませんか？」

変性意識の状態で家の中を探ってみた。いくつか部屋があるがすべて暗い。家具らしい家具もあまりない。ただただ土壁があるだけの部屋で生活感に乏しい。

「……誰もいません。……ああ……一階に『おばあさん』がいる……」

「あなたの『おばあさん』ですか？」

「……いいえ……違います……他人です……」

「その人があなたの世話を見ているのですか？」

「……そうです……愛情はない……お金と引き換えに僕を任された……」

「お母さんは感じませんか？」

「……ずっと会っていない……僕は捨てられた……」

「なにか感じていますか？」

「……虚しい……寂しいです……」

ビジョンが勝手に切り替わった。曇り空の下、丘の小道を荷物を抱えた私が歩いている。

「……道を歩いています。……どこへいくのだろう……？」

「行き先がわかりますか？」

「……わかりません……」

「あなたは今、何か考えていますか？」

私は彼の心を感じ取ろうとして凍りついた。

「……虚無です……なにもない……感情がない……」

愛された記憶がないということはこういうことなのか？　私には彼の心が鉛のように無機質に感じられた。「喜び」も「愛情」も彼の心には存在しない……。温かいものがまったくなくて、冷たい洞穴に風だけが吹いているような、そんな寒々とした意識を感じる。

ふたたび私の感情が昂ぶってきた。かわいそうな私!! 何故こんな心の持ち主になってしまったのか⁉ 何故誰も抱きしめることができなかったのか⁉

「……何故だ!! ……何故捨てた……⁉」

再び涙が溢れてきた。悲しくて、苦しくて、搾《しぼ》り出すようにしか声が出ない。

「……それでは3から1まで数字を数えると、もう一度三歳のあなたに戻りますよ……それでは数えますね。・・・3、・・・2、・・・1、……!!」

「お母さんが見えますか？」

三歳の自分に戻った。ひどく怯《おび》えている。

「……はい……恐い……」

「何故恐いのですか？」

「……僕が邪魔……」

「お母さんの顔がわかりますか？」

母親の顔がハッキリと見えた。口紅がクッキリと赤く、視線が冷たい……。

「はい……目鼻立ちのハッキリとした顔です。……恐い……」

「それではお母さんの意識に入ってみましょう。意識だけ後ろに回ってみてください」

「首の後ろから入りましょう。その部分に集中して入っていきます。あなたはお母さんの意識になりますよ」

お坊様に入る時と同じ要領で母親の意識に入り込んだ。

## 母親の意識になってみると

母親の目を通じて今度は幼い私が見える。怯えた表情でこちらを見ている。

「あなたは何故この子を手離そうとしているのですか?」

「……新しい夫……私にも事情があるのです……」

直感的に裕福な生活をしていることがわかる。

しかしそれならばなおさら、何故子供を捨てたのだろう?

「新しい男の人が望んでいないのですか?」

「……いえ、そうではありません……彼はこの子には無関心です……」

「それでは何故?」

彼女はそれ以上答えようとはしなかった。

「……ではもう少し時間を進めましょうね。1から3まで数字を数えます。するとまた時間が進みますよ。……では数えます。・・・1、・・・2、・・・3!!」

「今、何歳くらいですか？」

「……年老いています……」

「その後あなたは息子さんと会いましたか？」

「……いいえ……会おうとした頃には……すでに行方《ゆくえ》がわかりませんでした……」

「息子さんに会いたいですか？」

「……はい……こんなことになるのなら、……たとえ『離れ』でもいいから一緒に住むべきでした……」

「お金で人に預けたのですね？」

「……はい……」

「もう一度聞きます。何故、手離したのですか？」

「……あの頃の私は……若くて……自分勝手でした……」

「この子はとても寂しい思いをしていたのですよ」

「……申し訳ない……かわいそうなことをしました……」

この間、この母親はずっと反省の言葉を口にしていた。しかし、今の私、つまり「母親と意識が繋がっている大人としての私」はこの母親の言葉が心の底から出ているものではないことを感じていた。

彼女は基本的に冷たい人間だ。本心から自分の子供を案じてはいない。

これは私が彼女に憎悪を抱いているから否定的に感じてしまっているのかもしれない。

なんといってもたった三歳だった私を捨てたのだ。とても冷静に分析はできなかった。


友香さんのセラピーは続く。

「今、どんな気持ちですか？」

「……寂しいです……年をとるにつれ、自分の犯した過ちに気がつきました……」

「あなたは今、何かしたいことがありますか？」

「……息子が結婚しているのなら……孫に会いたい……」

「息子さんに何か、言いたいことはありますか？」

「……申し訳ない……かわいそうなことをしました……」

一瞬、幸せそうな夫婦と赤ん坊が見えた。赤ん坊は元気に笑っている。

これは本当だろうか？　私はその後幸せになれたのだろうか？

「……ありがとうございます……」

涙と共に母親の口から感謝の言葉が出てきた。

「それでは、三歳のあなたに意識を戻しましょう……数字を数えると、三歳のあなたに戻

ります よ。……では数えます・・・1、・・・2、・・・3!!」

「……戻りましたか……?」

「……はい……」

## 「子供達を救いたい」と願う本当の理由は

「お母さんは反省しています。あなたを捨ててしまったことを、反省しているんです。お母さんになにか言いたいことはありますか?」

「……恨んでいます……でも心の底からは恨めない……お母さんが好きだから……」

「彼女の息子である私」はまだ母親を求めている……。

「お母さんはあなたのことを愛しています。ただ、ちょっと愛情の方向を間違えてしまっただけです。もう悩むことはありません。やっとお母さんと繋がりあえたのですよ」

「……はい……」

「息子である私」は素直に答えている。

しかし、なんという勝手な言い分だろう? 自分で子供を捨てておいて、年老いて寂しくなったら今度は「反省している、孫に会いたい」と言う。今現在の大人としての私はこの母親を許せるはずもない。

非常に複雑なセラピーになった。

今生の大人としての私の意識を中心に置いたまま、私は前世で三歳だった男の子になり、成長した姿を経験し、母親の意識までをも探ることになったのだ。

「あなたは今、どんな気持ちですか?」

子供である私に友香さんは尋ねてきた。

「……大人は……子供を大切にしてほしい……捨ててはいけない……僕のように寂しい思い……もう子供にさせてはいけない……」


私が「子供達を救いたい」と願うもう一つの理由がここで明らかになった。

私は二つの前世のつらすぎるカルマを知ってしまったのだ。子供を亡くした父親としてのカルマ、そして母親に捨てられた寂しい子供のカルマ……。

転生を繰り返すことで人間は成長するというが、それぞれの転生でさまざまな喜びや苦しみを我々は経験する。この経験こそが生命に深みを与えてくれるのだろうか?

以前に出てきた「子供の視線から見た、中国風の住居裏の土庭で遊ぶ子供達のビジョン」はこの転生でのビジョンだったのだ。

「それでは私が数字を1から5まで数えると、目が覚めます……意識が戻りますよ」

友香さんは数字を数えた。

「いいですか……? ・・・1、・・・2、・・・3、・・・4、・・・5!!」

パン!! と友香さんが手を叩くのを合図に意識を現在に完全に戻すことができた。

涙はもう乾いている。しかしこのカルマを知らずして私は「子供達を救いたい」と言うべきではなかったことに気がついていた。

私の執着から出る自己欺瞞を友香さんは明らかにしてくれたのだ。

そして同時に、少し心が軽くなっている自分に私は気がついた。

「子供達を救う」、今までこの言葉の前に私の「主体」はなかった。

今ようやく「主体」を取り戻して冷静に考えることができる自分を発見できたのだ。

「ありがとうございました」

衝撃がまだ残っているが、意外と冷静に話ができる。

「どうでしたか?」

「はい……前回のカルマほどつらくはなかったです。意外と冷静でいられました。なんか、大きいブロックから順番に外されていくような感じがします」

「気持ちが軽くなったんですね。安心しました」

「はい」

「しかしこれですべてのブロックが外されたとは限らないんです。完全にすべてのブロックをなくしていくのは、実際には難しいことなんだろうと思います。でも、より浄化された状態に近づくことでアセンションに弾みがつきますよ」

「まだ、ブロックが残っていると……?」

「ええ。カルマに限らず、トラウマや他人からの妬みなど、小さいものまで数え出すと、際限なく人間の潜在意識にはブロックがあるようです。でも、それが人間なんだろうと思います」

「そういうものなんですか……」

## 「エゴ」からの解放

家に帰って犬の散歩をしながら、私は前世の自分を思って足元をじっと見つめた。

「たった三歳で……」

三歳で捨てられた彼と母親に愛されて育った三歳の頃の私をイメージし、手のひらの上に載せて重ねてみた。少しでも母親の愛情を感じさせてあげることができただろうか？

私は散歩道の暗がりに入り、人目をはばかって涙を拭《ぬぐ》った……。

「ハイアーさん……何故我々人間は『悲しみ』や『苦悩』を背負いつづける転生を繰り返さなければならないのか？『生きる』ということは何故こんなに苦しくつらいものなのか……？」

意識の中にさりげなくハイアーさんが出てきた。

「あなた達は転生を通じてネガティブな感情にのみ執着をもとうとする。『幸福』だった記憶には執着など生まれないのだ」

「たとえ『幸福』を得ても、今度はそれを失う『恐怖』にさいなまれ、新たな執着をもつ。人間は『エゴ』をもつ限り自分で自分を苦しめてしまう存在なのだ」

たしかに「『幸せ』はガラス細工のようなもので、抱え込みすぎると、今度は落として割ってしまうのではないかという恐怖にさいなまれる」という話を聞いたことがある。

「『エゴ』を自覚しなさい。あなた達の全転生を通じて、『エゴ』から生まれる『カルマ』はあなた達をワンネスから引き離し続ける」

「『エゴ』を自覚し、克服することによってあなた達は真の自分を取り戻すことができるのだ」

「しかしカルマを追体験することはとてもつらくて苦しい……」

「カルマはエクササイズだ」

「?」

「人間はカルマを乗り越えることによって成長する」

「でも前世が多ければ多いほど、我々は際限なくカルマを乗り越え続けなければいけないのでは……?」

「そんなことはない」

「?」

「カルマを知ることも、直感に従うことも、一つの目的に沿った行動だ」

「よくわからない……」

「ワンネスとの一体化が達成できればすべてのカルマやブロックから解放される」

「もう一度言うが、カルマとは転生を通じてのあなた達の記憶であり執着なのだ」

「それでは、悲惨な目にあっている子供達を救うことはカルマの解消の邪魔をしているということになるのですか?」

「カルマの解消は『神性』に近づくためのエクササイズだが、あなた達の『直感』はあなた達がすでに有している『神性』そのものだ」

「『直感』から溢れ出る愛の実践をためらってはいけないし、無条件の愛を受け入れることもまた『神性』なのだ。直感を信じなさい」

「それでは子供達を救う行為は？」

「お前は今日『エゴ』を自覚し、一歩前進した。直感の命ずるままに行動すればいい」

家に帰ってゆっくり考えた。悲惨な状況にある人達を救いたいという気持ちは人間であれば誰しもが素直に抱く感情だろう。

せっかく直感が内側から湧き上がっているのに、理屈を捏《こ》ね回してそれを覆い隠してしまう必要はないと思う。直感に従うことを恐れてはいけない。

## 捨てきれない執着

ヘミシンク・ワーク以降、毎日のように新しい発見があり、以前にも増して自分の本質が充実しつつあることを実感できる。

私の人生の目的は「学ぶこと」だとワーク中にハイアーさんから教えられた。

この目的に今では感謝し、さらにアセンションが続くことを「喜び」と感じることができる自分が自覚できる。

今日という日もまたアセンションの一つの過程になるのだろう。

ただ、たった一つ気がかりなのは「娘の顔」がまだ見られないことだ。

今日のヒプノセラピーで見せられた中国での私の前世は、最終的には幸せになっていたようだし、子供とは言っても自分のことであるのでまだ「耐えられる」種類のものなのだが、亡くしてしまった娘に関して私はまだ感情の整理ができていない。

愛するが故に私は執着を捨てきれないのだ。


その日の夜、私は「お坊様」とコンタクトを取った。

「お坊様」のやさしさには人間味があり、常に温かく私を励ましてくれる。

時には私に禅問答のような謎かけをすることもあるが、常に私を温かく見守ってきてくれた。

私の交信ノートにこの夜の記録がある。

「まだ前世で亡くしてしまった娘のことを想うと涙が出ます」

「それでいい。涙を流すことによってお前は自分で自分を癒しているのだ」

「それならば私は癒されたくはありません。いくら悲しくても娘の記憶を忘れたくはありません。私の記憶からも消されてしまうなんて、娘が不憫《ふびん》でなりません」

「子供のことを想っても、その感情に飲み込まれてはいけない。慈悲の心とはそういうものではない。ただ、お前は感情を押し殺す必要はない。その感情を観察しなさい。観察することで人間は成長するのだ」

この間、ずっと私のからだはやさしく揺らされていた。

そして最後には頭の上から私の意識体が引っ張られるような感覚がした。

## 「至上の愛」

ハイアーさんとお坊様によって私のアセンションは大きく助けられてきた。

特にハイアーさんからは、人知を超えた深い愛情……。

見返りを期待しない、「全面的で圧倒的な愛」というものを感じる。

我々がいつかは到達しなければならない究極の存在……。

深い叡智《えいち》と愛に満ちた意識を我々人間は内包しているのだ。

人間はとてつもなく広大で愛に満ちた存在であることに私は目覚め、今ではあらゆる出来事に深い感謝の気持ちをもつことができる。

この世界で起こるすべての出来事に意味のないものなどはない。

たとえ苦難に満ちた世界が我々の前に広がっていても、素直に直感に従えば必ず「学び」を得ることはできるはずだ。

しかし、まだまだ私は不完全で心の弱い人間であることを自覚している。

私は自分自身の執着心から逃れることができないでいるのだ。


なぜ娘が死んだあとも私はのうのうと生きていたのか？

なぜ助けることができなかったのか？

死んだ幼い娘の苦しみをどこまで私は理解できているのか？

本当は私には親になる資格などなかったのではないだろうか？

私は「家族の中の孤独」という重いカルマを娘に背負わせてしまったのだ……。

私の助けを求めながら苦しんで死んでいった娘のことを想うとつらくてたまらない……。

そんな時、自分で作った「Bless the Children」を聴くことが多かった。誰にも涙を見られたくないので車の中で聴くことが多く、その日もそうだった。

「自分で作った曲だからこそ、この悲しい想いが癒されるのかもしれない……」

そう思った瞬間、突然すべてが理解できた。

前々から薄々気がついていたことが明白にわかったのだ……。

「自分を責めることはない。大いなる愛に触れなさい」

ハイアーさんがそう言った瞬間、四歳ぐらいのかわいい女の子の顔が目の前をよぎった。

……私の娘だ!!

……ふっくらとしたほっぺた、かわいくツンと出た唇、まぶしく輝く目……。

転生を通じて私はようやく娘の死を受け入れることができたのだ……。

とめどなく涙が溢れ出る……。

「ハイアーさん、ありがとう!! ありがとう!!」

私の胸は温かな愛で満たされた……。

……やはりそうだった……。

「Bless the Children」はハイアーさんが私を癒すために用意した曲だったのだ……。

「底知れぬ愛」に触れた瞬間だった。

二〇〇三年の夏、自作の曲を公開するＨＰに私は無意識にこんな文章を載せている。

「思想は想像を生み、想像は新たな潜在意識を生む。
共有される潜在意識はいつしか現実を生み、世界は導かれる。」

意味はよく理解できなかったが、思いつくままに自然にこの文章が出てきた。
思えばこの時点ですでにチャネリングは始まっていたのだ……。

**自分で自分を見捨てる人間など決していない。**
**顕在意識のあなたが自分を見捨てることがあっても、**
**ハイアーセルフは決してあなたを見捨てない。**

**「至上の愛」は常に我々と共にある。**

**このとてつもなく深い愛を我々は感じなくてはいけない。**
**そして実践しなければ生きている意味がないのだ。**

# エピローグ

実はこの本は最初、出版するという意図で書き始めたものではなかった。

ヘミシンク・ワークがあまりにも貴重な体験だったので、自分自身への記録と、私の子孫へのメッセージとして、ノートを見ながら二日目より原稿を書き始めたのが発端である。

しかし、予期せぬことにワーク終了後も異常な体験はとどまることがなく、必死になって約一週間遅れで体験を追いかける形で原稿を埋めていくことになった。

原稿を書いても書いても一連の体験は続き、その上ハイアーセルフからのメッセージの場合、気がつけば話の流れに全く関係のないメッセージで原稿を埋めてしまっていることも時々あったし、原稿を書きながら無意識に離脱してしまっていたというトンデモなこともあった。いつになったら書き終えることができるのか自分でも不安が生じ始めた頃、最終章に書いた象徴的な出来事があったのでいったん書き終えることができた。

それでも原稿自体は三〇〇ページを超えることになってしまい、あまりにも長すぎる原稿をまとめてもらうのに、編集部の石川さんにはたいそうご苦労をかけてしまった。

ワーク時にマクモニーグル顔負けのリモートビューイング能力で皆を仰天させた「マサ君」のことや、音楽についてのハイアーさんからのメッセージなど、今回泣く泣く削除した内容に関して、またの機会に詳しくお伝えすることもあろうかと思う。

ヘミシンクに関して、こうも簡単に「境地」を体験してしまうことに批判的な見方があるのを私は知っている。実際厳しい修行を通じて悟りの境地に至るのが本来の道なのかもしれない。修行中に得る忍耐を始めとするさまざまな経験を私は決して軽んじるつもりはないし、その経験は貴重なものだと思っている。逆に言うとヘミシンクという技術で境地に至ったとしても、修行を積んだ方と比較すると精神的な面での脆弱《ぜいじゃく》性があるのは否定できないだろう。

しかし最近のスピリチュアル系の世界でよく言われるように、地球全体が物質文明から急速に精神性を取り戻す時期に来ているのであれば、いままでのスピードで覚醒する時代は終焉《しゅうえん》を迎え、宇宙意識は我々に急速な変化を求めているのではないだろうか?

私以外にも急激なアセンションにとまどっている人がきっといるはずだと思う。

ただ、そこで大切なのは精神世界の中で知識や体験ばかりを求めて漂うことではなく、目覚めた自分を実行することだろう。

この本を手に取った時点ですでにシンクロニシティが始まっているのをどうか強く信じて欲しい。

ハイアーさんから貰った読者の皆様へのメッセージでこの本を終わることにしたい。

「一部のゲリラは敵の子供を誘拐し、地雷地帯を行軍するときに先頭を歩かせています」

「ベルギーでは性犯罪者が、誘拐した子供を連日犯して、地下牢に隠し、餓死させました」

「日本では幼い兄弟が、生きたまま橋の上から川に投げ捨てられて殺されました」

悪人はいつの時代にも存在します。それを消すことはできないでしょう。

しかし、その隣にあなたたち「普通の大人」がいて、

「勇気」と「愛」を発揮できれば、それを止めることは可能だったはずです。

大人の意識が変らなければ悲劇は繰り返されます。

もっとたくさんの人が覚醒しなければならない。

真の自分が持っている「根源の愛」を取戻し、それを実行してください。

# 参考文献


『魂の帰郷』 藤崎ちえこ（ビジネス社）
『天国の法則』 藤崎ちえこ（ビジネス社）
『異次元の旅へ』 藤崎ちえこ（徳間書店）
『「臨死体験」を超える死後体験』 坂本政道（ハート出版）
『「臨死体験」を超える死後体験Ⅱ』 坂本政道（ハート出版）
『「臨死体験」を超える死後体験Ⅲ』 坂本政道（ハート出版）
『ユング自伝』 C.G. ユング、A. ヤッフェ、河合隼雄（みすず書房）
『パラレルワールド』 ミチオ・カク（日本放送出版協会）
『皇帝の新しい心』 ロジャー・ペンローズ（みすず書房）

●著者略歴

**鈴木啓介**（すずき・けいすけ）
1956年３月生まれ。高校から大学にかけてロックバンドでドラムを担当する。大学時代にはＮＨＫ大阪放送劇団研究生を経て劇団５期会に所属。大学卒業後、工業系商社に就職。外資系化粧品会社を経て、外資系製薬会社に22年間勤務。2007年、本書『ヘミシンクで起きた驚愕の「前世体験」』の出版に伴い、自身が主宰してモノリスワークというチャネリングワークを同年より全国主要都市にて90回実施。2008年にはパリ、2011年にはマドリッドでもワークを開催。このワークは毎回満席となり、多数のチャネラーを輩出している。著書としてほかに『はじめてのチャネリング』、『魂を磨く　アセンションを阻む闇の手口』（ともにビジネス社）がある。

ホームページ「Bless the Children」
http://bless-the-children.net/
＊変遷があるため印刷物には載せられないので、上記ホームページにて現在、私と同じ方向を向いているチャネラーさんやヒーラーさんをご紹介しています。私の身の回りの範囲内ではありますが、その都度信頼のおける方を推薦するようにしていますので参考にしてください。（鈴木啓介）

## ヘミシンクで起きた驚愕《きょうがく》の「前世体験」

2007年４月３日　第１刷発行
2012年４月17日　第３刷発行

著　者　鈴木啓介
発行人　唐津　隆
発行所　株式会社ビジネス社
〒162-0815　東京都新宿区筑土八幡町5-12（相川ビル２Ｆ）
電話　03(5227)1602（代表）
http://www.business-sha.co.jp

カバー印刷　近代美術株式会社　本文印刷・製本　凸版印刷株式会社
〈編集担当〉石川明子　〈営業担当〉山口健志


ISBN978-4-8284-1342-6